Evangeliza

Una Guía Para El Desarrollo De Su Ministerio Evangelístico

Apóstol, Dra. Terika Smith

Evangeliza

Una Guía Para El Desarrollo De Su Ministerio Evangelístico

Publicación de TSM

530 Broadway, 3er FL

Lawrence, Massachusetts 01841

Copyright © 2020 por la Dra. Terika T. Smith/Terika Smith Ministries

Todos los derechos reservados. Ninguna parte de este libro puede reproducirse de ninguna forma sin el permiso por escrito del editor, excepto en el caso de citas breves incorporadas en artículos críticos o reseñas.

Todas las citas de las Escrituras, a menos que se indique lo contrario, están tomadas de La Santa Biblia, Nueva Traducción Viviente, 1996 y Version Reina Valera, 1960. Usado con permiso. Todos los derechos reservados.

Diseñado por RichWired
Foto del autor: Gavino Photography

Fabricado en los Estados Unidos de América.
Para cualquier información de pedido o descuentos especiales para compras a granel, contáctenos @ terika5021@gmail.com

Publicado en los Estados Unidos por TSM Publishing
ISBN # 978-0-9965967-6-3
Biblioteca del Congreso #

TABLA DE CONTENID

PREFACIO 1

CON GRATITUD 3

ACERCA DEL LIBRO 7

¿PARA QUIÉN ES ESTE LIBRO? 9

POR QUÉ TUVE QUE ESCRIBIR ESTE LIBRO 11

INTRODUCCIÓN 16

¿CÓMO USAR ESTE LIBRO PARA SEGUIR ADELANTE? 40

CAPÍTULO 1 41

CAPITULO 2 49

CAPÍTULO 3 59

CAPÍTULO 4 85

CAPÍTULO 5 101

CAPÍTULO 6 121

CAPÍTULO 7 125

CONCLUSIÓN 127

¿DÓNDE OBTENER SU LIBRO DE TRABAJO DE EVANGELIZAR? 131

SOBRE EL AUTOR..133

OTROS LIBROS DE LA DRA. TERIKA SMITH 137

Prefacio

Hay algunas personas que recuerdas debido a eventos, algunas a través de lazos comerciales familiares, otras a través de otros apegos o su profesión. Recuerdo a la Dra. Terika Smith debido a todo lo anterior, además de ser nuestra hija y colega en el Ministerio.

Como ministro pentecostal de la Iglesia de Dios, he leído y he implementado una gran cantidad de escritos sobre evangelismo. Me parece que cada escritor tiende a aprovechar las ideas de otros escritores para mejorar su trabajo. Después de leer el libro EVAngelize y estoy convencido de que esta es una de las aplicaciones más prácticas y fáciles de usar que he visto hasta la fecha.

Estamos viviendo en una época en la que la comunicación se ha elevado a alturas nunca antes vistas y los métodos utilizados antaño, aunque tienen su lugar, hoy no son tan prácticos. En obediencia a "La Gran Comisión" (Mateo 28), debemos usar todas y cada una de las herramientas a nuestra disposición para llevar a las personas a Cristo, y el Plan EVAngelize es el más práctico que he visto hasta la fecha. Es considerado y fácil de seguir.

Apóstol, Dra. Terika T. Smith es una escritora transformada cuyos antecedentes son en educación. La he visto evolucionar a lo largo de los años, de atleta a maestra, directora, pastora, apóstol y escritora de numerosas publicaciones. Al momento de escribir esto, la Dra. Smith está completando su cuarto libro.

En mi opinión, el Plan EVAngelize es el tutorial sobre evangelismo y merece un lugar en la mano de todo cristiano serio.

Obispo G Smith
Coordinador principal del estado

Con Gratitud

Este libro está dedicado a los amores de mi vida. Me siento bendecida de que tantas personas especiales caigan en esa categoría. Aquí está la lista corta.

Primero, quiero agradecer especialmente a mis padres, el obispo George y la reverendo Evadney Smith. Han sido un gran estímulo e inspiración en mi vida, no solo como padres, sino por quiénes son, su consistencia y personalidad. Temen a Dios, sobre todo. Amar, dar, alentar, implacable, perseverante, y la lista realmente continúa. Son insuperables. La forma en que nos criaron a los cuatro después de emigrar de Jamaica, dejando todo para ir a un país que no conocían. La forma en que se sacrificaron, a veces trabajando tres trabajos cada uno mientras los seis estaban en la escuela al mismo tiempo. La forma en que nos desafiaron, independientemente de nuestra edad, a nunca tirar la toalla, nunca rendirse y tener siempre un plan. Mis padres son soñadores y nos inspiran a ser también soñadores. No está bien solo estar, siempre hay más.

En segundo lugar, este libro está dedicado a mis hermanos, incluidos mis cuñados: Karen Miclausi, Morvin y Diane Smith (Kurtis) y Dwight y Janis Smith. Estoy agradecida con cada uno de mis hermanos por su inspiración para luchar por más, para nunca conformarse. Todos hemos extraído del ejemplo de nuestros padres y hemos tomado decisiones conscientes para seguir adelante. Todos tenemos nuestras propias familias y profesiones, con el fundamento que nuestros padres nos enseñaron de Cristo en el centro y nos desafían a ser soñadores. Todos hemos crecido y nos hemos ido en diferentes direcciones, sin embargo, estamos anclados en la verdad de nuestra fundación.

Es tranquilizante saber que, independientemente de dónde esté en este mundo, si me raspo una rodilla y mis hermanos se enteran, inmediatamente mi teléfono sonará o el timbre de la puerta. Gracias, muchachos, por ser parte de mi inspiración. Estoy igualmente agradecida por sus cónyuges, mis cuñados. Cada uno me ha animado a perseverar; cada uno me ha mostrado apoyo con el mismo amor como si todos fuéramos de los mismos padres. Gracias.

Este libro está dedicado a mis sobrinos y sobrinas: Omar Wisdom, Yesica Wisdom, Daniel Miclausi, Justin Smith, Jaqui Smith, Jordan Smith, Sierra Smith, Dwight Smith Jr. Desde cambiar pañales hasta verlos ahora como adultos, viviendo su vida y en muchas maneras siguiendo la misma base establecida no solo por sus padres sino también por sus abuelos. La tenacidad de mamá y papá refleja la tenacidad de la abuela y el abuelo. Los animo, "no dejen de soñar. No dejen de esforzarse por hacer y ser los mejores en lo que hacen ". Los amo, muchachos.

Por último, Dios me ha bendecido con una hija y un yerno que, combinados, me han dado tres nietos maravillosos: Ava, Gavin y Lia. Este libro, junto con todos mis otros trabajos, los dedico a mi hija, mi "mama", mi "cascanueces", mi "pequeña dama", Karen Andújar. Desde el momento en que Dios me dio a ti como hija, te he amado y me he sentido aún más inspirada para convertirme en lo mejor que Dios me ha llamado a ser. Sabía que estabas mirando y le diría al Señor que quería ser como Él porque estabas mirando. Sigues siendo una ENORME inspiración para mí al escribir libros y hacer lo que hago. Te quiero mama.

Un agradecimiento especial también a la familia de mi iglesia, la Iglesia Internacional Ríos Fluyendo por ser una torre de fortaleza para mí. Gracias por tu sabiduría y apoyo.

"Entonces Jesús vino a ellos y les dijo: 'Toda autoridad en el cielo y en la tierra me ha sido dada. Por lo tanto, ve y haz discípulos de todas las naciones, bautizándolos en el nombre del Padre y del Hijo y del Espíritu Santo, y enseñando a obedecer todo lo que te he mandado. Y seguramente estoy contigo siempre, hasta el final de la era".
Mateo 28: 18-20 KJV

Acerca Del Libro

El libro EVAngelizar está diseñado para cualquier ministerio que esté buscando un nuevo enfoque para la evangelización. Con demasiada frecuencia recogemos un manual o visitamos un programa, todo lo cual es bueno y regresamos a casa inspirados para marcar la diferencia dentro de nuestra comunidad y luego no sucede nada. Con demasiada frecuencia invitamos a hombres y mujeres de Dios a pasar tiempo en talleres con nuestros equipos de ministerio, capacitándolos en el arte del evangelismo y luego el orador se va, y la implementación es mínima, si es que la hay. El objetivo aquí no es mirar lo que está mal y hacer declaraciones poco saludables con respecto a la integridad de un programa u otro. Todo tiene su tiempo, lugar y efectividad de acuerdo con la necesidad de la comunidad.

Al considerar escribir este libro, lo que me vino a la mente fue mi propio ministerio y otros como el mío, que son jóvenes en términos de años de existencia y que necesitan un nuevo enfoque de lo que crecimos viendo. ¿Cómo involucramos a nuestra comunidad de la iglesia con el mundo que nos rodea? ¿Todavía estamos en la era de repartir pistas? ¿Aún funcionan? ¿Cómo captamos la atención de nuestra sociedad actual que tiene tantas opciones para elegir? Estas son preguntas difíciles y no tienen una respuesta única para todos.

EVAngelizar es un libro que considera tres puntos que creo que son clave al menos para iniciar el diálogo sobre la comunidad de ganar almas. El libro es interactivo y lo involucrará a usted, el lector, a considerar su propio ministerio y las formas de agregar o continuar lo que está haciendo actualmente.

En este libro, guiará el desarrollo de su ministerio en torno al EVA del Evangelismo:

1. Establecer un plan
2. Conoce tu vecindad
3. Camina en tu autoridad

¿Para Quién Es Este Libro?

"Entonces Jesús vino a ellos y les dijo:' Toda autoridad en el cielo y en la tierra me ha sido dada. Por lo tanto, ve y haz discípulos de todas las naciones, bautizándolos en el nombre del Padre y del Hijo y del Espíritu Santo, y enseñando a obedecer todo lo que te he mandado. Y seguramente estoy contigo siempre, hasta el final de la era ".
Mateo 28:18-20 KJV

El texto es claro sobre el mandato de la gran comisión de Cristo para TODAS las naciones. No hay parcialidad en a quién la iglesia se va a convertir en un ministerio. Cualquier persona que tenga un corazón para Cristo y un deseo de ganar almas para el reino de Dios está invitado a recorrer este libro conmigo.

Este libro es para ministerios que buscan hacer lo siguiente:

- Gana la comunidad para Cristo
- Ministro de los jóvenes.
- Ministro de adultos
- Ministro de adictos
- Ministro de prostitutas
- Ministro de profesionales
- Ministro de los no educados o no educados
- Ministro para hombres y mujeres de negocios.
- Ministro de TODAS las naciones

Básicamente, si estás vivo y quieres ser un buen administrador de tu tiempo y NO tienes idea de dónde comenzar y cómo hacerlo, ¡este libro es para TI!

Sé que este libro ayudará a su ministerio a desarrollar las tres áreas clave de evangelismo, el EVA del evangelismo:

1. Establecer un plan
2. Conoce tu vecindad
3. Camina en tu autoridad

Por Qué Tuve Que Escribir Este Libro

A menudo me invitan a hablar y capacitar líderes. En mi otra vida como educador, escribí y dirigí sesiones de capacitación que van desde el desarrollo del plan de estudios, el desarrollo del liderazgo, las mejores prácticas de instrucción y la creación de competencias en equipo. Este es el final corto de la lista de cursos, pero pensé en mencionar algunos. Ahora que estoy en el ministerio, veo una GRAN necesidad de compartir mis habilidades para sacar lo mejor de las personas. No estoy tocando mi propio claxon; pero amo y siempre he amado ver el potencial realizado en las personas y hacer todo lo posible para sacarlo de ellas. ¿Por qué debería ser esto diferente?

El libro EVAngelizar es mi oportunidad de aportar un enfoque práctico al ministerio en nuestro mandato de la Gran Comisión, haciendo que el proceso sea más tangible de lo que es ahora. Además, veo tantas iglesias pequeñas que están comenzando, algunas con mandatos dados por Dios y otras con el mandato de "Esto no está funcionando, reunámonos y comencemos los nuestros". No malinterpreten, esto no quiere decir Dios no está en esto último, sino que el inicio de una iglesia ES un asunto delicado y DEBE ser ingresado con cuidadosa oración y dirección de Dios.

Estamos viviendo un día con demasiados homicidios en el púlpito, demasiados hombres y mujeres quitándose la vida mientras predican a otros la bendición de vivir una vida temerosa de Dios. Hay demasiadas iglesias buscando LA respuesta cuando realmente no es necesario buscar la respuesta, nunca se perdió. Dios es presente y paciente. El amor de Dios es tan real hoy como lo fue ayer; nunca se perdió; solo necesitamos tener los ojos abiertos para encontrarlo. No necesitamos abrir más edificios; Necesitamos abrir más corazones, comenzando con el nuestro. ¿Puedo obtener un amén?

EVAngelize nos lleva de vuelta a nuestro primer amor y al por qué es una bendición y un privilegio servir al Señor. Es un recordatorio de que el amor de Dios no es una denominación ni un título, sino quiénes somos como creyentes. Si volvemos a la razón de por qué servimos a Dios, deberíamos encontrar que fue porque tuvimos un encuentro con su amor. Si ese no es el caso, este libro podría no ser para usted. No puedes evangelizar compartiendo un mensaje en el que no participas.
Tu ministerio está a punto de cambiar

Este libro te provocará una mirada más profunda a tu ministerio y a lo que estás haciendo o no para ganar almas para el reino. Si usted como pastor o líder es transparente sobre su metodología, es posible que mucho de lo que está haciendo actualmente sea más efectivo con solo unos pocos ajustes. O bien, puede descubrir que su ministerio es nuevo, o aún no ha empleado un enfoque de ministerio evangelístico. Esta bien. Cuando nuestra iglesia comenzó, nuestro enfoque NO estaba en el evangelismo. Dios puso en mi corazón tomar los primeros años para enseñar la palabra de Dios, y verter en el ministerio desde todos los ángulos posibles, la palabra viva de Dios. Desde allí, nos he visto desarrollar una base de liderazgo fuerte, que ahora está lista para enfrentar a la multitud que Dios está enviando.

Tuve un momento aha hace algunos años cuando leí la escritura, "La cosecha está madura pero los trabajadores son pocos, oren al Señor de la cosecha para que envíe trabajadores ..." No puedo decir cuántas veces escuché Los pastores y líderes oran para que las almas vengan a la iglesia. Sé que cometí ese error innumerables veces. No me malinterpretes, no digo que nunca debas orar por las almas. Sin embargo, si el mundo ya está lleno de almas, ¿por qué orar por lo que hay en abundancia? La palabra de Dios dice que oren por los trabajadores, oren a quien supervisa a los trabajadores para enviar más trabajadores. ¿Qué haces como pastor cuando consigues un adicto en tu iglesia y no tienes un trabajador que pueda relacionarse con él o ella? ¿Qué haces cuando consigues una prostituta en tu iglesia? ¿Tiene un trabajador que pueda trabajar con él o ella?

Este libro tiene el objetivo de provocar pensamientos que en oración cambiarán su ministerio y su actitud hacia la evangelización. Hay muchas almas por ahí, no las dejemos morir sin llegar a conocer a Cristo como su Señor y Salvador.

Entonces Jesús vino a ellos y les dijo: 'Toda autoridad en el cielo y en la tierra me ha sido dada. Por lo tanto, ve y haz discípulos de todas las naciones, bautizándolos en el nombre del Padre y del Hijo y del Espíritu Santo, y enseñándoles a obedecer todo lo que te he mandado. Y seguramente estoy contigo siempre, hasta el final de la era".
Mateo 28: 18-20 KJV

INTRODUCCIÓN
¿Qué Es El Evangelismo?

"Entonces Jesús vino a ellos y les dijo: 'Toda autoridad en el cielo y en la tierra me ha sido dada. Por lo tanto, ve y haz discípulos de todas las naciones, bautizándolos en el nombre del Padre y del Hijo y del Espíritu Santo, y enseñándoles a obedecer todo lo que te he mandado. Y seguramente estoy contigo siempre, hasta el final de la era".

Mateo 28: 18-20 KJV

La Gran Comisión

Prediqué un sermón una vez sobre la misión de la comisión. Lo que el Señor puso en mi espíritu en ese momento fue la importancia de entender la misión. ¿Cuál era la tarea en cuestión en la que necesitábamos concentrarnos para cumplir con los roles y responsabilidades que se nos asignaron? Cuando pensamos en una declaración de misión, por ejemplo, es el plan de ejecución de la visión que guía la dirección de una entidad, ya sea individual u organización. La palabra de Dios dice:

Donde no hay visión, la gente perece.
Proverbios 29:18 RV

Doy un paso más allá al decir, no solo donde no hay visión, las personas perecerán, sino donde hay personas con visión; pero sin misión, no hay dirección.

La simple revelación que recibí fue que la dirección nace de una semilla que se siembra en la vista, la visión o la previsión del que dirige. Entonces, la misión es el plan o proyecto necesario para guiar la visión a la acción. Consideremos lo obvio, si se planta algo, entonces hay una maceta. Si se planta una semilla, entonces hay terreno para recibirla. El suelo no puede producir lo que no se ha plantado. La semilla no podría haber crecido en el suelo, si no hubiera habido una maceta para poner la semilla allí en primer lugar. Una visión es una semilla que viene del corazón de la sembradora a tierra lista para recibir y reproducir. El tiempo entre la siembra y la reproducción lleva tiempo, tiempo intencional, donde tendrá lugar la germinación, la revelación y la expansión. Si podemos mantener esa analogía, consideremos la misión de la comisión. Es imposible comisionar efectivamente a alguien para avanzar en una misión a menos que haya sido completamente adoctrinado. ¿Qué fue plantado en ellos? ¿Cómo se ve? ¿Y cómo se incorpora a su caminata diaria? En cada paso del camino vemos germinación, revelación y expansión. Según el Diccionario Merriam Webster, varias definiciones de comisión son las siguientes:

• 1a: una orden formal por escrito que otorga el poder de realizar varios actos u obligaciones
• 2a: una autorización o comando para actuar de una manera prescrita o para realizar actos prescritos: **CARGO**
• 3a: autoridad para actuar por, en nombre o en lugar de otro

Hay una transacción en vigor. Existe la delegación de poder otorgado a alguien para actuar en nombre de otro. Debemos estar seguros de que eso no es una experiencia de la noche a la mañana, sino más bien una transacción ejecutada cuidadosamente que es el resultado de una relación desarrollada a lo largo del tiempo. Además, existe la confianza de que el destinatario trabajará de acuerdo con el que hizo la comisión para ejecutar el plan en cuestión sin modificaciones para satisfacer sus propias necesidades. Si se plantan semillas de manzana, la fruta que DEBE dar son manzanas, no naranjas. Mi definición de trabajo de la palabra comisión en este libro es la siguiente:

Colaboración unida a la participación del destinatario de la misión, con la misión.

La verdadera colaboración tiene lugar en el momento en que la misión cambia de un individuo a un trabajo en equipo. El que emite la misión ahora está en colaboración con el que la recibe en sus manos.

Si miramos el contexto del texto de Mateo 28: 18-20, vemos dónde Jesús está hablando con los discípulos. Comienza compartiendo lo que le habían dado. Ahora note esto, los discípulos habían estado con Jesús por un poco más de tres años. Habían visto a Jesús en acción, enseñando a multitudes, sanando a los enfermos, resucitando a los muertos, expulsando demonios, multiplicando peces y pan, reprendiendo a los elementos y más.

Ellos también participaron en la realización de algunos de estos signos mientras los comisionaba mientras caminaba con ellos .... Uno podría decir: "Espera, ¿ya no tenía TODA autoridad?" Bueno, la respuesta es que era Dios, se sometió a La ley de la tierra: este es un tema tan profundo; pero exploremos brevemente: realizó las obras del Espíritu mientras caminaba por la tierra en forma de hombre para cumplir el plan de su padre. Constantemente decía que su voluntad era hacer la voluntad de su padre. Usted ve, él también fue comisionado. Jesús estaba en una misión para participar en la comisión de su padre. No podía desviarse del plan. No pudo integrar su propia agenda. Tuvo que colaborar plenamente con la misión de restaurar al hombre a su intención original. El hombre tenía la intención de dominar y dominar la tierra. El pecado y la muerte no estaban destinados a dominar a la humanidad. No estaban destinados a entrar y eliminar la intimidad entre la maceta y la tierra en la que Él puso la semilla de la vida.

Cuando Jesús dijo a sus discípulos, TODA autoridad se le otorga en el cielo y en la tierra, fue una declaración de gobierno restaurado. Literalmente les estaba diciendo que lo que tenía antes estaba limitado a una dimensión, sin embargo, lo que tenía ahora, debido a su obediencia a la ejecución completa de la misión que le encargaron, lo impulsó a un nivel de autoridad total. Su capacidad de autoridad ahora estaba en el cielo, en la tierra y, si avanzamos un paso más en la comprensión de las Escrituras, debajo de la tierra. Su conquista de la muerte, el infierno y la tumba le dieron autoridad sobre la casa del hombre fuerte, que es Satanás. Entonces, TODA autoridad ahora le pertenece a Jesús. Con esa autoridad, ahora nos encarga a todos que caminemos mientras caminaba, hablemos como habló y actuemos como actuó.

Hay cinco partes en la Gran Comisión:

- Vamos
- Hacer
- Bautizar
- Enseñar
- Modelo

En un texto resumido de tres versículos, Jesús presenta el plan para la misión de conquistar el mundo por el bien del Evangelio. Cada paso está interconectado con el otro. Ninguno de estos puede funcionar de forma aislada, cada uno necesita el otro. Déjame explicar.

Punto 1- Ir

La única forma en que una persona puede "ir" es si se levanta de donde está y entra en acción. Independientemente de cuán grande o pequeño, se requiere movimiento para la ejecución de cualquier plan. Jesús les dijo a los discípulos que fueran a TODO el mundo. Ya sea caminando, corriendo, en camello, un caballo, una bicicleta, un avión o cualquier método de transporte que se pueda usar, se requiere movimiento para llegar al destino.

Una visión tiene una marca o un destino. Debe haber una meta a alcanzar para que el receptor de la visión comience el viaje. Dios le dijo a Abram: "Ve a una tierra que te mostraré". Jesús les dijo a sus discípulos: "Ve a todo el mundo". No puso nombre, nación o idioma. Él dijo: "Ve a TODO el mundo". Aquí, estamos considerando que el mundo no es exclusivo para viajar a tierras lejanas, sino también a las diversas etnias que nos rodean. Jesús decía ir a todas las edades, todas las razas, todos los idiomas, todas las culturas, todos los credos, todas las clases sociales, TODOS. Nunca fue la intención de Jesús que hubiera tanta división en iglesias, denominaciones y grupos culturales. Entonces, les dijo: "Ve, levántate y vete".

Punto 2 – Hacer

Cuando haces algo, hay un modelo, un ingrediente y una metodología para obtener el producto. Hay pasos diseñados intencionalmente para obtener el resultado del producto deseado. Jesús simplemente les dijo que tenía toda autoridad y poder. Simplemente les dijo que fueran a todas partes y hicieran un producto, discípulos. Jesús les está hablando a sus discípulos como un maestro les habla a sus alumnos. Te he enseñado todo lo que necesitarás verter en los demás de la forma en que yo te vertí. En el libro de Juan Cap.14, Jesús fue tan lejos como para decirles que todo lo que Él, Jesús hizo, ellos también podían hacerlo. También les dijo que podrían hacer grandes obras que él. No fue que ellos o nosotros somos más grandes que Jesús, nunca. Jesús les estaba diciendo mientras también nos hablaba: "La parte difícil ha terminado, he allanado el camino, TODO lo que puede obstaculizar su movimiento ha sido derrotado. Hay más de ti que el que está fuera de mí, así que sal e imita lo que hice. Verter en la gente como yo vertí en ti. Corrígelos como te corregí. Instrúyalos tal como te lo indiqué. Hazlos responsables como yo te hice responsable. Extiende su fe mientras yo extiendo tu fe. Enséñales a sanar mientras sanaba, entregar como entregué, restaurar como restauré. Todo lo que pongo en ti, tómate el tiempo para ponerlo en ellos. Hazlo paso a paso".

Considere el concepto de "hacer" al tomar en cuenta las habilidades y personalidades de las personas que son como usted al hacerlos discípulos. Si tiene personas educadas, su enfoque de aprendizaje puede ser diferente de las personas que no son tan educadas. De manera similar, puede tener médicos y abogados en una habitación; pero si la lección es exclusivamente sobre medicina, todos los abogados pueden perderse o perder interés. ¿Por qué es esto tan importante? Hacer requiere discernimiento y una participación espiritual activa del lado del maestro para asegurar que lo que están depositando en aquellos a quienes están discipulando sacará lo mejor de la unción que hay en ellos. Lo pongo de esta manera para el ministerio que lidero y sugiero lo mismo para usted también. A medida que seguimos el modelo que Jesús nos presentó, no intentemos imitar un plan increíble que sirvió para un ministerio. Fue increíble para esa época y esa temporada. Sin embargo, tienes una unción única sobre ti, tu ministerio y cualquier cosa que Dios ponga en tu mano. Los discípulos que "ustedes" hagan caerán de acuerdo con la unción que está sobre su vida y ministerio. El Espíritu Santo le dará el lenguaje para hacer que la comunicación y la colaboración sean significativas.

Punto 3 – Bautizar

La palabra bautizar proviene de la palabra griega baptizo que significa sumergir. Para sumergir algo, hay una mano de autoridad que se aferra a lo que está sumergiendo, en este caso, a una persona. El que realiza la inmersión DEBE ser uno con mayor autoridad que el que está sumergido. Cuando Juan el Bautista bautizó a Jesús, él estaba en la tierra en ese momento; en mayor autoridad que Jesús. Juan el Bautista fue de quien hablaron los profetas en el libro de Isaías 40, el que lloraba en el desierto, allanando el camino para el Señor.

Juan estaba predicando para que la gente se arrepintiera de sus pecados y se bautizara en agua. Continuaría diciéndole a la gente que alguien más grande que él vendría. Esta persona bautizaría con Espíritu Santo y fuego (Mateo 3:11). Esta persona, diría Juan, sería el libertador de toda la humanidad. Jesús, que no conocía pecado, vino a Juan para que pudiera ser bautizado con el propósito expreso de crucificar la carne, cumplir la voluntad de Dios y estar en posición de servicio. Fue en este punto cuando se lanzó el ministerio de Jesús en la tierra.

El bautismo para la iglesia es esa declaración externa de que uno está dispuesto a morir a sí mismo y vivir una vida entregada a la voluntad de Dios. Esto es exactamente lo que hizo Jesús y también debería nosotros.

Punto 4 – Enseñar

Me parece interesante, ¿no es cierto que Jesús les dijo a los discípulos que fueran, hicieran, bautizaran y luego se tomaran el tiempo para enseñar? A medida que el ministerio cambió en mi vida y comencé a mirar más de cerca la palabra de Dios al dirigir a su pueblo, noté que la diferencia entre estas dos palabras se ha vuelto más significativa. Cuando estás enseñando algo, estás causando que otros entren en conocimiento o comprensión de lo que sabes o de la información que estás cubriendo. Enseñar requiere más habilidades que hacer. Puede hacer algo sin enseñar el por qué y cómo de los ingredientes correctos, como seguir las imágenes en la caja. Cuando le enseñas a una persona cómo hacer algo, la lógica detrás del proceso y cómo obtener excelentes resultados, ya no necesita la imagen en la caja para tener éxito. Un excelente chef no necesita una caja, necesita habilidades, herramientas e ingredientes. Un excelente instructor no enseña texto, sabe cómo hacer que el aprendizaje sea significativo, independientemente de la capacidad de aprendizaje de cada alumno antes que ellos.

Jesús tenía discípulos de diferentes ámbitos de la vida. Les dijo que enseñaran a los nuevos discípulos todo lo que habían aprendido de él. En otras palabras, tómese el tiempo para verter en los nuevos discípulos hasta que estén listos para la comisión. Puedo escuchar a Jesús decir: "Cuando enseñes, enséñales para que puedan ir más allá de lo que tú puedes ir. Tal como te enseñé a ir más lejos de lo que fui "

Punto 5 - Modelo (Yo)

Jesús fue específico, les dijo: "Enseñándoles a obedecer todo lo que te enseñé ..." No dijo: "Lo que creías que aprendiste o lo que te gustó de la lección". No dijo: "Enséñales partes eso te resulta fácil". Un discípulo presta mucha atención a todo lo que hace su maestro / líder, prestando especial atención a los detalles. La única forma de hacer algo como lo hace tu líder es ser como él o ella. Jesús tuvo cuidado de no descartarlos. Él les dijo: "Hazlo como lo hice, MODELO YO. Vuélvete como yo para que todos puedan verme en ti ".

Dentro del tejido de la Gran Comisión está el evangelismo y el evangelista dentro de nosotros. Algunos podrían decir: "No nací para ser un evangelista o ese no es mi llamado". Si bien su llamado podría no ser viajar y exponer la Palabra de Dios como Jimmy Swaggart o John Wesley, cada persona que ha tocado la vida por Dios, tiene un mensaje para alguien que actualmente usa los zapatos que alguna vez usaron.

Evangelización

La palabra evangelismo simplemente significa difundir o predicar el evangelio. Tenga en cuenta que la palabra predicar no denota que necesita un púlpito. Significa que tiene el corazón para abrir la boca y lanzar una palabra que cambiará vidas. Evolucionando de la palabra Evangel para los evangelios, podemos estar de acuerdo en que esto se relaciona con la liberación del Evangelio de Jesucristo cuando abres la boca. Pablo nos dice, sobre evangelismo, que necesitamos dos cosas, personas y un producto. Necesitamos personas que estén dispuestas a ir y cuando se vayan, debe haber un producto que lleven consigo. También deja en claro que "las personas van cuando son enviadas".

14 ¿Cómo, entonces, pueden invocar al que no han creído? ¿Y cómo pueden creer en aquel de quien no han oído? ¿Y cómo pueden escuchar sin que alguien les predique? 15 ¿Y cómo puede alguien predicar a menos que sean enviados? Como está escrito: "¡Qué hermosos son los pies de quienes traen buenas noticias!" 16 Pero no todos los israelitas aceptaron las buenas nuevas. Porque Isaías dice: "Señor, ¿quién ha creído nuestro mensaje?" 17 En consecuencia, la fe proviene de escuchar el mensaje, y el mensaje se escucha a través de la palabra acerca de Cristo.
(Romanos 10: 14-17, NVI)

Con base en el objetivo de este libro, consideraremos el evangelismo como un plan y un proceso establecidos. Creo que cada ministerio necesita sentarse en algún momento y considerar lo que está haciendo en el espíritu de evangelismo y considerar su nivel de efectividad. PRECAUCIÓN, su medida NO se basa en la iglesia calle abajo. Se basa en la Palabra de Dios y la visión que Dios depositó en el terreno del liderazgo del ministerio. Esto es muy importante. Si usted, como individuo o iglesia, desarrolla un espíritu imitador, o trata de ser como los vecinos calle abajo, crecerá a la capacidad de los Jones, y no a la capacidad que Dios pretendía que creciera.

Siempre tenga en cuenta que hay muchas formas de recursos, herramientas que puede usar a medida que construye su ministerio, algunas de las cuales aún no se han construido. Estos pasos son sugerencias que valoro y utilizo en mi ministerio y ministerios que buscan nuestro apoyo.

Tres Debo Tener:

•Tener un plan. Antes de embarcarse en el evangelismo o en cualquier ministerio, tómese el tiempo para planificar, me lo agradecerá más tarde.
o ¿Cuál es el plan?

- ☐ ¿Es un plan a largo o corto plazo?
- ☐ ¿Este plan se alinea con la visión de la iglesia?
- ☐ Si usted no es el pastor, ¿está su pastor a bordo del plan?

o ¿Dónde comenzarás o liberarás tu ministerio para evangelismo?
o ¿Por qué es importante para usted como individuo?
o ¿Por qué es importante para su ministerio?
o ¿Cómo impactará su ministerio directa o indirectamente?
o ¿Cómo afectará tu liderazgo?
o ¿Cómo afectará los apoyos que usted brinda actualmente?

• Tener un equipo. La gente actuará si hay un liderazgo equipado para liderarlos. Este es un problema de confianza, sí, incluso en el ministerio.

o Establecer un equipo que tenga pasión por las almas, apoyo de liderazgo y visión para el crecimiento y la expansión de la iglesia. El equipo puede hacer dos cosas, más a medida que Dios te guíe.

☐ Determinar cuándo se requiere una evangelización de toda la iglesia.
☐ Determinar cuándo es un evangelismo específico del ministerio

• Tenga un patrón para que todos lo sigan, este es su medio para un fin
o Establezca un patrón que tenga sentido para su congregación
o Establezca un patrón que complemente la comunidad a la que sirve y que sea adaptable a medida que crece
o Asegúrese de que su patrón sea transferible del ministerio de niños, al ministerio de hombres, al ministerio de adultos. y así.

Como se indicó anteriormente, y continuaré reiterando a lo largo de este texto, estas son sugerencias, este proceso sobre cómo mover su ministerio sirve como guía para usted y su ministerio. Más adelante veremos de cerca el EVA del EVAngelismo. Independientemente del tipo de ministerio que tenga, necesita un entendimiento práctico sobre el evangelismo y los pasos necesarios sobre cómo construir su equipo y hacer crecer su iglesia.

A continuación, veremos dos tipos de evangelistas, aquellos que se ven y suenan como usted y yo mientras compartimos el evangelio en nuestros hogares, en las calles, en el trabajo, etc. Luego están los evangelistas que tienen una unción para lidera cruzadas masivas, millones de personas vienen a Cristo en una reunión.

Evangelista

La mayor cruzada evangelística registrada de los discípulos fue en Hechos capítulo 2 después del bautismo del Espíritu Santo. Los discípulos fueron bautizados en el Espíritu Santo y todos pensaron que estaban borrachos a las 9 de la mañana. Pedro se levantó y, bajo la unción del Espíritu Santo, predicó su primer sermón. Él ministró a todos allí y más de 3 mil fueron agregados a la iglesia en ese primer día. Hombres y mujeres confesando a Jesucristo como Señor. Pedro trajo las buenas nuevas del Evangelio a todos los que estaban allí.

Un evangelista es portador de buenas nuevas. En otras palabras, trae buenas noticias. El evangelismo ha sido declarado la difusión de Las Buenas Nuevas, la Palabra de Jesucristo. El encargado del evangelista es asegurarse de que donde quiera que vayan, sean los vasos utilizados para la transmisión del Evangelio. El apóstol Pablo en 2 Timoteo 4: 5, "Pero tú, mantén la cabeza en todas las situaciones, soporta las dificultades, haz el trabajo de un evangelista, cumple con todos los deberes de tu ministerio". Su mensaje fue múltiple, diciéndole a Timoteo que hiciera cuatro cosas clave en el espíritu de mantener la integridad de la llamada:

- Mantenga la cabeza por encima de todas las situaciones o manténgase alejado de lo que pueda ahogar su pensamiento y despojarlo de su enfoque al llamado al ministerio en su vida.

- Soportar las dificultades que es un camino garantizado para todos los que sirven al Señor. Debemos recordar, como Cristo sufrió, también lo harán aquellos que Él llama. Recordamos que Jesús le dijo a Cornelio en el libro de los Hechos de los Apóstoles que Pablo aprendería a sufrir por el evangelio.

- El evangelista está constantemente en el campo, por lo que es importante que recuerden que hay ciertas situaciones que pueden distraerlos (situaciones que nosotros mismos provocamos) y que no es el enemigo. Tener un ojo de discernimiento es clave.

• Haga el trabajo de un evangelista, uno con una palabra constante que trajo la salvación a través de la convicción del Espíritu Santo, prestando mucha atención para no contaminar la palabra de Dios con agendas personales.

o Quiero que tengamos en cuenta que el llamado a difundir el Evangelio fue un mandato que se dio a todas las personas; todos tienen una mano en hacer el trabajo de un evangelista. No solo aquellos que son evangelistas liderando grandes cruzadas. No importa cuál sea su llamado o lo que Dios ha puesto para que usted haga, aún debe "hacer el trabajo de un evangelista".

• Desempeñar todos los deberes de su ministerio, en otras palabras, el evangelista tiene una responsabilidad divina al ingresar a una ciudad para llevar la transformación a las mentes y corazones de los oyentes. Para predicar con autoridad la infalible palabra de Dios:

o Llevando la salvación a los perdidos.
o Echando fuera demonios
o Sanando a los enfermos
o Entregando a los oprimidos

Creo de acuerdo con las Escrituras, principalmente el texto utilizado al comienzo de este capítulo, y la base de este libro, que la Gran Comisión está destinada a TODOS los que creen. Por lo tanto, hay un evangelista en todos nosotros. Todos tienen un testimonio que compartir que podría cambiar la vida de otro para vivir una vida entregada a Cristo. También creo que hay hombres y mujeres, llamados específicamente para este propósito. Efesios 4:11 declara: *"Así que Cristo mismo dio a los apóstoles, los profetas, los evangelistas, los pastores y maestros".* La Palabra de Dios resalta aquí que Jesucristo, el comisionado de todos nosotros, lanzó una unción sobre la iglesia para funcionar en diferentes capacidades. Esto no impide que una persona funcione en múltiples capacidades, simplemente nos dice que hay un llamado y una responsabilidad asociada a cada persona llamada con su respectiva unción. Para explicar más, puedo ser un evangelista y enseñar. La enseñanza puede no ser mi talento, pero cuando se me solicita, con el material adecuado ante mí, puedo dar una lección ante un pequeño grupo íntimo de personas. ¿Eso me hace un maestro? No, significa que estoy entregado a Dios usándome en la capacidad que Él quiere cuando es necesario.

En el día de Pentecostés, la liberación del Espíritu Santo fue la liberación de la unción quíntuple sobre toda carne. Debemos notar que este UNO Espíritu Santo es el que ungió todo. Este UNO salió de UN hombre, Jesucristo. Dicho esto, mi revelación al texto es que dentro de Jesucristo había 5 pliegues; el apóstol, profeta, evangelista, pastor y maestro. A lo largo de las Escrituras e incluso en nuestros días, vemos hombres y mujeres de Dios utilizados en múltiples capacidades, sin embargo, siempre hay un área de fortaleza que realmente marca a la persona. Yo amo lo que hago. Dios me ha usado para la profecía, soy una pastora y apóstol ordenada, y enseño. También he dirigido servicios evangelísticos en América Latina y África. Me han dicho y estoy de acuerdo, que hay una chispa que me invade cuando estoy enseñando. ME ENCANTA enseñar. Me encanta desglosar el texto. Estoy compartiendo mi testimonio personal aquí porque no quiero que nadie piense a sí mismo, "Tengo que elegir" o "¿Para qué soy bueno?" Encuentra tu pasión y persíguelo, Dios ya te ha regalado en tu esfera de pasión.

El evangelista es una de esas esferas de regalos. Te das cuenta, amas a la congregación local; pero te atraen las calles, otras comunidades y partes del mundo. Sin embargo, esto no es una licencia para despegar y hacer lo que quieras. El evangelista DEBE entender que están bajo autoridad como Jesús estaba bajo autoridad. Es importante obtener la bendición de su pastor, apóstol u obispo. La figura a la que informan, se alimentan y reciben mentoría. Sí, el Evangelista es uno de los dones dados por Jesús a la Iglesia, pero debemos recordar que todos provienen de UN Espíritu Santo y Él viene del Padre, a través de Jesucristo el Hijo para nosotros la iglesia. Huir y hacer lo que uno quiere por un título o por el que "se sintieron" conducidos está fuera de orden divino. Se hace hoy; pero eso no lo hace correcto.

Tenga en cuenta que he distinguido entre el evangelista que hay en todos nosotros. Todos estamos llamados a evangelizar. Sin embargo, hay quienes son esa esfera de dones quienes son, cuando piensas en el Jimmy Swaggart que dirigió tantas cruzadas a lo largo de su vida, piensas Evangelista. Ha hecho mucho por el reino, pero lo que ha destacado por sus cruzadas evangelísticas.

¿Entonces que eres? ¿Eres parte del cuerpo de evangelistas que somos todos nosotros? O, ¿estás llamado por Dios para ser un evangelista del mundo? Difícil de responder; pero mira tus frutos y sabrás la respuesta. El evangelismo hace y no hace

En esta breve sección, pensé que debería compartir algunas cosas que hacer y no hacer acerca del evangelismo. Estoy seguro de que puede tener una lista más larga, o más corta. Esta lista proviene de las enseñanzas que hice en mi propia iglesia durante los estudios bíblicos dominicales.

- No necesita un avión, un tren o un automóvil para comenzar un ministerio de evangelismo, comienza en casa. Deja que el hogar sea el primer lugar donde evangelizas, luego extiéndete a tu comunidad local, si te rechazan, no te detengas, pasa al siguiente. Tu pasión por las almas te llevará a las puertas que ya están abiertas y esperando tu llegada.

- No es sobre ti. No trates de evangelizar, poniendo énfasis en ti mismo y en lo que haces. El propósito del evangelismo es involucrar a la persona sobre el amor de Cristo, así que enfóquese en Él y en Su amor.

- Permítete ser 100% dirigido por el Espíritu Santo. Cuando haces esto, el Espíritu Santo te lleva a un terreno que ya ha sido preparado para ti. Él te dará las palabras, responderá a tus oraciones no porque sea lo que quieres, sino porque si Él te envía allí estarías cumpliendo la voluntad de Dios. Cuando te lleva a una casa de adictos, ya te ha dado el terreno. De hecho, los principados de esa casa te ven desde lejos y tratarán de evitar que entres porque saben que su control sobre ese territorio ha llegado a su fin. Déjalo liderar.

- Recuerde, cuando salga a evangelizar, no busque que se convierta en una oportunidad de predicación. Vuelvo a; Esto no es sobre tí. Deje que el Espíritu Santo guíe. Testifique cuando sea necesario, comparta la escritura que Él pone en su espíritu y espere Sus instrucciones. Cuando ores, déjale orar a través de ti. No empieces a gritar como si estuvieras en un púlpito. La Biblia más grande y mejor que puedes llevar es la que está en tu corazón.

- Tendrá un impacto duradero cuando pueda compartir lo que Dios ha hecho en su vida
o En menos de un minuto, comparte lo que fue
  - ¿Dónde estabas?
  - ¿Qué fue?
  - ¿Cómo sucedió?
  - ¿Cómo pueden ellos también ser bendecidos?

RECUERDE: El testimonio que comparte cada vez variará según el POR QUÉ Dios lo ha enviado a un área. Prepárate para que Dios te use.
o ¿Cómo puede sucederles?

- Invítelos a orar
- Guiarlos al plan de salvación
- Cierre con una oración de bendición para el cierre.

- Método KISS
  - Mantener
  - Eso
  - Simple
  - Cariño

  - **NOTA:** Nadie es estúpido, por eso opté por usar la palabra cariño. La idea aquí es que en todo lo que haces, tu tiempo y el tiempo de los que estás ministrando es precioso. Obtendrá más y más si mantiene su tiempo juntos simple. Cuanto más tiempo pases, más te quedarás de bienvenida. Cuando permanezca demasiado tiempo, considere qué implicaciones puede tener la relación recién formada que todavía está digiriendo lo que acaba de recibir. Un espíritu de codependencia puede comenzar cuando alguien ve en ti lo que no tiene o no necesita y se engancha de una manera que puede no ser saludable para ninguna de las partes. Es importante enfatizar a veces a las personas a las que usted ministra que usted es un evangelista, no su pastor. El papel de un pastor tiene una relación a largo plazo, el papel de un evangelista es a corto plazo y posiblemente lleve a la persona a otro lugar a buscar una relación a largo plazo.

¿Cómo Usar Este Libro Para Seguir Adelante?

Leer, reflexionar, revisar, implementar, estas son las cuatro cosas clave a tener en cuenta a medida que avanza. Este libro está diseñado para ser lo más interactivo posible. Interactuarás con siete capítulos, cada uno seguido de una reflexión. Lea para aprender cosas nuevas y actualice lo que ya sabe. Reflexiona sobre lo que lees y presta mucha atención a las áreas que se destacaron para bien o para mal. Después de su reflexión, considere las formas en que podría o debería revisar su plan actual de evangelismo dentro del ministerio. Finalmente, establezca un plan de implementación.

Al final, volverás al círculo de EVA del evangelismo. Pasará la mayor parte de su tiempo allí mientras considera formas de establecer o fortalecer su plan, estudiar su vecindad y asumir su autoridad en el área que Dios le ha dado.

Este libro no debe ser un estudio realizado de forma aislada. Es importante que, aunque usted sea el pastor o el líder del ministerio, Dios nunca tuvo la intención de que trabajara en Silos. La reflexión puede ser individual y, en algunos casos, privada. Sin embargo, es importante que haya un tiempo establecido donde todos los miembros del ministerio se reúnan para considerar el bienestar del ministerio.

PAUSA: Antes de continuar, vaya a su libro de trabajo y complete la reflexión correspondiente para este capítulo.

CAPÍTULO 1
Viento Fresco Al Evangelismo

Si está buscando un nuevo comienzo, un enfoque nuevo o revisado para conectarse con su comunidad a través del evangelismo, entonces mi oración es que este libro sea la herramienta que necesita. Cuando pienso en viento fresco, pienso en algo que siempre ha estado allí pero que ahora se ve desde un punto de vista diferente. Verás, el viento siempre ha existido. No puede verlo, pero puede ver los resultados de su movimiento. Usted sabe cuando sopla el viento porque las hojas se mueven, los árboles se balancean, los escombros se mueven de un lado a otro en el suelo. El viento provoca movimiento. La ausencia de viento deja la quietud. No sé sobre ti, pero no hay nada peor que estar afuera en un día caluroso y no hay viento, fresco o no, para refrescarme. Hay una reacción en la atmósfera que transforma la quietud de lo que era cuando no había movimiento.

Este capítulo considera la necesidad de movimiento, no significa que el movimiento sea una idea novedosa, sino que ofrece una nueva perspectiva. Es un cambio de paradigma, desde lo que una vez se vio de una manera ahora se mira de manera diferente. ¿Es un pato o es un conejo?

Paradigmas

Para los propósitos de este libro, utilizaremos lo siguiente como una definición de trabajo en torno a lo que es un paradigma.

Un paradigma es una actitud o mentalidad que se ha arraigado en un individuo derivado de la cultura, experiencias o exposiciones pasadas, enseñanzas o entendimientos en torno a un determinado patrón de comportamiento.

En otras palabras, incrustado en la mentalidad o cultura de ciertos grupos religiosos, existe la mentalidad de que, si una mujer usa pantalones, está en pecado o si un hombre perfora sus oídos, está actuando como mujer. Me importa no dar una opinión sobre ninguno de los ejemplos; Sin embargo, quiero que capturemos la esencia del texto. La palabra de Dios dice que el hombre mirará la apariencia externa de una persona, pero Dios mira el corazón. Entonces, solo con ese texto, sabemos que los pantalones no serán el pecado de la mujer ni el pecado del hombre. Eso es un paradigma. Pregunta, ¿qué sucedería si el único juez que pasara se sentara y hablara con los individuos que están siendo juzgados? ¿Los encontrarían pecadores en el corazón o creyentes, más vendidos para Cristo con la compasión de Cristo que ellos?

Cuando pensamos en el viento y cómo se mueve, también podemos asociarlo con paradigmas. Déjame explicar. El viento en sí mismo es solo viento. El viento de hoy es el viento de mañana. Las hojas soplan hoy como resultado del viento y mañana con más viento, las hojas continúan soplando. Ya sea un viento del norte o un viento del sur, soplará. Entonces, ¿cuál es el gran problema? Hay una verdad detrás del viento. Cuando sopla, no mueve todas las hojas a la misma velocidad o nivel. El otro día, mientras estaba sentado en mi oficina mirando por la ventana las hojas que soplaba el viento, noté que algunas hojas se movían mientras que otras no. Algunas hojas se movieron más rápidamente mientras que otras no. Ahora sé lo que podría estar pensando: "¿Qué tiene que ver eso con el viento fresco o el paradigma?" ¿Qué hace que algunas hojas soplen y que otras permanezcan quietas? Es el mismo viento. Nada está por encima del viento, nada está reteniendo el viento y canalizándolo en cierta dirección, pero, sin embargo, algunos se mueven más que otros.

Ves amigos, Dios es un Dios curioso, y la forma en que hace las cosas está más allá de nuestro entendimiento. Lo que sentí que Dios me revelaba al mirar las hojas, era esto; sopla el viento, y todo puede verse afectado por la misma ráfaga, pero solo algunas de las hojas, ramas o árboles están preparados para moverse al impactar. Algunos se moverán más rápido que otros, pero habrá un movimiento. Esto es como el evangelismo; todos tienen el potencial de verse afectados por la publicación de la palabra, pero solo algunas personas están en posición ante el impacto de la palabra publicada. El desafío es, ¿cómo sabes quién está listo y quién no? ¿Cómo sabes qué palabra liberar y qué testimonio dar? Lo que sí sabes es esto. Debe haber una palabra o testimonio publicado. Cuando volvemos a la analogía de los árboles que di antes, si no hubiera viento, entonces todas las hojas estarían estancadas y permanecerían en un lugar sin progreso. Es por eso que necesita liberar el viento para que los que están en la posición correcta puedan ver el progreso y que se vea afectado por la palabra. Hay personas que se han puesto en posición de recibir la palabra o el testimonio y es por eso que no se puede simplemente difundir la palabra en cualquier lugar.

En este capítulo, Viento Fresco no se trata de hacer del evangelismo algo novedoso, una idea nueva. Desde los días de las Escrituras, el evangelismo ha sido clave para el crecimiento de la iglesia. Si consideramos la forma en que Jesús desarrolló su ministerio después de su regreso del desierto, notaremos que se conectó con hombres, mujeres y niños de diferentes niveles. Pudo ministrar, ganar sus corazones no desde un puesto elevado, sino a través de su habilidad para conectarse individual y personalmente con cada uno. Un método nuevo es necesario simplemente porque hay tantas iglesias que se están levantando a nuestro alrededor y aún la población más grande de nuestras comunidades no tiene iglesia o no cree que sea necesario asistir a una iglesia.

Cuando comencé la Iglesia Internacional Ríos Fluyendo, una cosa estaba clara para mí y para el equipo que estaba conmigo, no queríamos ser solo otra iglesia. Estábamos cansados de la misma forma de hacer las cosas. Estábamos cansados de "hacer" la iglesia. Ahora, esto puede ser ofensivo para algunos, sin embargo, si podemos ser transparentes con nosotros mismos, la religión está alejando a las personas de las puertas de las iglesias. La gente en estos días no quiere ir a un lugar donde una vez más es religión con una lista de lo que se debe y no se debe hacer para salvarse, para congregarse sin ser juzgado. Las personas buscan una relación real, y una intimidad real con Dios. Yo creo como pastora; Necesito hacer que la gente entienda la relación que Dios está buscando tan desesperadamente de la humanidad. En el Jardín del Edén, la creación del hombre fue para que Dios pudiera tener ese tipo de relación con la humanidad. Dios tampoco quiere religión, está buscando intimidad, una relación cercana entre el creador y su creación.

La evangelización debe ser acerca de traer nuevamente la intimidad a la ecuación de que Dios se encuentra con el hombre, el hombre se encuentra con Dios. Si un evangelista es como lo definimos anteriormente como uno que trae buenas noticias, entonces las noticias deben tener sentido para el destinatario. Entendemos que la buena noticia es la palabra de Dios que conduce a la salvación a través de Jesucristo. Sin embargo, considere esto, si soy una persona que ha sido violada y sé poco o nada acerca de Jesús, ¿cómo me va a ayudar un folleto, la forma tradicional de evangelismo? ¿Solo decirme que Jesús me ama puede quitarme la cicatriz de mi violación? la cicatriz todavía está allí. Sin embargo, si la persona que me testifica sería más relacional que religiosa, compartiendo una historia que toque el núcleo de mi dolor oculto, podría rendirme en ese momento. Ahora entiendo que ese no es el caso para todos. Sin embargo, he trabajado con cientos, si no miles de jóvenes a lo largo de los años, cuando ingresaron y salieron del sistema escolar. Vi cuán impersonales y desconectados eran muchos de ellos. La conexión que tuve con ellos no fue que me impusiera a ellos, sino que fue el resultado del tiempo que tomé para conectarme con ellos como jóvenes seres humanos.

Estamos en un día donde la iglesia está pintada como tan santa que hay una desconexión entre el Dios relacional al que servimos y el mensaje que transmitimos. Es hora de un viento fresco en cómo entregamos la Palabra de Dios.

Cuando consideramos método nuevo, hay tres cosas a considerar para avanzar:

1. Establecer Un Plan
2. Conoce Tu Vecindad
3. Camina En Tu Autoridad

En los próximos capítulos, veremos el porqué del evangelismo desde una perspectiva organizada e intencional; dónde estamos y a quién nos dirigimos; y, la realidad de nuestra autoridad sobre la comunidad en la que estamos establecidos. Les hablo al lector como el apóstol Pablo habló a la iglesia. Amados, este mensaje es para aquellos que están alineados con una visión del Reino. En pocas palabras, si no crees que hay autoridad y poder dado a la iglesia hoy para caminar como en los días de los Apóstoles, este libro podría ser difícil para ti.

En el libro de Ezequiel, el Señor le preguntó al profeta si creía que los huesos secos podrían volver a vivir. Estamos hablando de huesos que alguna vez pertenecieron a personas con vida y propósito. Huesos que en un momento creyeron y soñaron muchas de las mismas cosas en las que crees y sueñas en este momento. No solo estaban muertos, el tiempo había pasado y ahora los únicos restos son huesos secos. Algo que para el ojo natural es imposible se convirtió en el tema de la fe del profeta Ezequiel. Si no ha leído la historia, hágalo en Ezequiel, capítulo 37. Hay un punto en el que, bajo la dirección del Señor, invocó el viento de los cuatro rincones de la tierra, que es representativo del Espíritu Santo. Los huesos secos no solo volvieron a juntarse, sino que también volvieron a vivir. El mensaje aquí para la iglesia es que a nuestro alrededor hay huesos secos, personas que han perdido la esperanza, el propósito y la dirección. Si la iglesia ve potencial y no fracaso, nuestro mensaje cambiará de una doctrina que es vinculante a una que está entregando. Pregunta, ¿cuánto acceso tiene el Espíritu Santo de Dios en su ministerio? La respuesta a esa pregunta tiene mucho que ver con el movimiento del Viento Fresco a lo largo de su ministerio.

PAUSA: Antes de continuar, vaya a su libro de trabajo y complete la reflexión respectiva para este capítulo.

CAPITULO 2
El EVA Del Evangelismo

"Eva es un nombre femenino, la contraparte latina de la víspera inglesa, derivada de un nombre hebreo que significa" vida "o" uno vivo ". También puede significar lleno de vida o madre de la vida. Es la forma bíblica estándar de Eva en muchos idiomas europeos".

(https://en.wikipedia.org)

De acuerdo con la definición anterior, el nombre EVA deriva del nombre EVE que significa "vida", "Vivir uno" o "madre de la vida". Esta definición es, en muchos sentidos, clave para comprender el enfoque de este libro sobre el EVAngelismo; dando énfasis a las tres primeras letras, Establecer, Vecindad y Autoridad. Este capítulo pondrá en contexto por qué estas tres cartas conducen a la base de lo que construirá y fortalecerá su equipo de ministerio en el área de evangelismo.

En el libro de Juan, donde vemos a Jesús encontrar y restablecer a Pedro en el grupo de los 11, Jesús lo enfrentó en una serie de preguntas que aún hoy suenan verdaderas. El hecho es que la mayoría de la gente lee el texto; pero pocos entienden realmente lo que Jesús estaba preguntando. Usted ve, Jesús no estaba interesado en cualquier respuesta de Pedro. Estaba buscando una respuesta que le asegurara nuestra disposición para servir a su pueblo. Miremos el texto.

15 Cuando terminaron de comer, Jesús le dijo a Simón Pedro: "Simón, hijo de Juan, ¿me amas más que estos?" "Sí, Señor", dijo, "sabes que te amo". Jesús dijo: "Apacienta mis corderos." 16 Otra vez Jesús dijo: "Simón, hijo de Juan, ¿me amas?" Él respondió: "Sí, Señor, sabes que te amo". Jesús dijo: "Cuida de mis ovejas". 17 La tercera vez que le dijo: "Simón, hijo de Juan, ¿me amas?" Pedro se lastimó porque Jesús le preguntó por tercera vez: "¿Me amas?" Él dijo: "Señor, tú sabes todas las cosas; Sabes que te amo."

Jesús dijo: "Apacienta mis ovejas.

(Juan 21: 15-17 NIV)

Jesús le preguntó a Pedro tres veces: "¿Me amas?". Pedro respondió tres veces: "Sí". Sin embargo, lo que Jesús le estaba diciendo a Pedro en la traducción de las dos primeras veces fue: "¿Me 'ágape'? amame incondicionalmente? Pedro estaba respondiendo que amaba al Señor, y lo hizo, pero su amor era el tipo de amor "Philio". Para aquellos que no están familiarizados con este término, es un amor que es relacional y con condiciones. Es un amor que deja espacio para juzgar hasta qué punto amarás a la persona. Jesús no le estaba preguntando eso a Pedro. Quería saber si amaría sin condiciones, sin juzgar excepciones. Fue en el tercer intento cuando Jesús le dijo a Pedro: "¿Me amas, Philio, a mí?", Que Pedro entendió. La tercera vez, Pedro se sintió frustrado; pero despertó al comprender que Jesús estaba más interesado en el tipo de amor que tendría por el pueblo de Dios, las "ovejas". La respuesta final de Pedro fue sí, él "boquiabierto, lo amó".

Hoy, la génesis del evangelismo está relegada a condiciones y restricciones que casi hacen imposible que las personas realmente vengan al Señor y quieran quedarse. Por favor, no malinterpreten este texto, el amor ágape no se va todo. Dios es un Dios de orden y existen condiciones para la salvación que no están sujetas a las opiniones del hombre sino a la instrucción directa de la Palabra de Dios. El amor ágape abre la puerta a la misericordia y restauración de Dios, sin importar cuán lejos haya caído, sin juicio ni rechazo. Las escrituras dicen en Romanos 6:23: "Todos pecaron y no alcanzaron la gloria de Dios ...". Así que agradecemos a Dios por su gracia, que sin condición podemos mirar a la siguiente persona con los brazos abiertos y decir: "Bienvenido. "Ahora, mis amigos, EVAngelismo está diciendo que necesitamos volver a la génesis, el comienzo del evangelismo, volvernos más como Cristo y establecer un plan que involucre a las comunidades a su alrededor, independientemente de dónde se encuentren.

El EVA del Evangelismo también dice que debemos ser sensibles a la intención original o al entendimiento sobre el evangelismo, conectarlo con la generación y las comunidades a las que servimos en la medida en que sin compromiso podamos alcanzarlos como Jesús pretendía. Creo que muchas veces tratamos de conectar los viejos sistemas que alguna vez fueron efectivos con nuevas comunidades y nuevos entornos con la mentalidad de que, dado que funcionó en el pasado, funcionará hoy también. No, amigo mío, no lo hará. El sistema de los años sesenta o setenta en adelante fue efectivo porque era la demanda de la época. Hoy existe una demanda diferente, entonces, ¿cómo nos conectaremos con las comunidades de hoy? ¿Cómo vamos a dar vida a un mundo de tecnología caminando de puerta en puerta, de parque en parque? No me malinterpreten en algunos momentos, aún puede ser una herramienta efectiva, sin embargo, para ganar los corazones de la generación actual, necesitamos una red que se conecte en la corriente de la vida en la que están fluyendo. No estoy diciendo que se comprometa la palabra de Dios. No estoy diciendo que diluya la palabra o ajuste la palabra a un estado pacificado que haga felices a todos. La palabra de Dios debe ser enseñada, y el Espíritu Santo de Dios trae convicción como solo Él puede. Lo que digo es que no podemos darle carne a un bebé, no tienen dientes para comerla. No podemos darle la Biblia a un incrédulo y esperar que se salven porque les dimos el libro para leer. Al final del día, es un libro hasta que las palabras se convierten en vida y llenan el corazón de los que lo leen. Ese es el peligro de tratados no relacionados. El mejor "tracto" que podemos usar hoy en día es la relación de relacionabilidad con el lugar donde se encuentra la persona en su estado actual y cómo un encuentro con Dios puede cambiar sus vidas.

Jesús se hizo identificable con los que conoció. Él modeló el evangelismo a través de la compasión, la corrección y el amor. Les demostró a los apóstoles cómo alimentar a los hambrientos, cómo sanar a los enfermos, cómo amar a los rechazados, cómo enseñar a los que no se pueden enseñar y la lista continúa. En otras palabras, la génesis del evangelismo no es cuánto tienes en la mano, sino quién tienes en tu corazón. Para lograr el EVA de Evangelismo, DEBEMOS vestir nuestro corazón con Cristo. Nos llenará con las herramientas y las estrategias que permitirán que tres hombres ciegos sean sanados de tres maneras diferentes. Nos conectaremos con las personas, no de la manera en que nos conectamos con la última persona, sino que consideraremos cada día a las personas como una nueva oportunidad para ganar un alma para el reino. Tener nuestros corazones vestidos con Jesús también cambiará nuestra mentalidad del cumplimiento religioso de cumplir una cuota a una relación con personas que, como nosotros, también se hicieron a su imagen y semejanza. Tener un corazón como Cristo nos permitirá además conectarnos con hermanos y hermanas que usamos para mirar y pasar en el trabajo, la tienda, las calles o incluso las reuniones familiares porque eran diferentes y ahora los abrazamos.

No puedo evitar pensar en el libro de Zacarías.

3 Luego me mostró a Josué, el sumo sacerdote, parado frente al ángel del SEÑOR, y a Satanás parado a su lado derecho para acusarlo. 2 El Señor le dijo a Satanás: "¡El Señor te reprenda, Satanás! ¡El Señor, que ha elegido Jerusalén, te reprende! ¿No es este hombre un palo ardiente arrebatado del fuego? "3 Ahora Josué estaba vestido con ropas sucias mientras estaba parado frente al ángel. 4 El ángel dijo a los que estaban delante de él: "Quítate la ropa sucia".

Luego le dijo a Josué: "Mira, te he quitado tu pecado y te pondré finas prendas".

5 Entonces dije: "Ponle un turbante limpio en la cabeza". Entonces, le pusieron un turbante limpio en la cabeza y lo vistieron, mientras el ángel del SEÑOR estaba de pie.

Zacarías 3 NVI

Esta es una continuación de la historia de amor de Dios para su creación. Testimonio de la misericordia y gracia redentora de Dios hacia la humanidad. El profeta dice: "¿No es este hombre un palo ardiente arrebatado del fuego?". Para mí y para el propósito de este libro, miro este texto y me asombra el hecho de que estamos en un círculo constante de fuego. Desde el día en que nacemos hasta el día en que confesamos a Cristo e incluso después. El adversario está constantemente buscando formas de atraparnos, atraparnos en una red que nos lleva a un lugar de destrucción total y absoluta. La gracia de Dios es siempre, he encontrado, oportuna e intencional. Si miramos el texto. Josué, que representa a la humanidad, es un hombre vestido de manera sucia, cubierto por el hollín del humo del fuego, no es un sitio bonito para mirar. Él representa todos nuestros pecados, transgresiones e iniquidades, todo en uno. ¡Pero Dios! Dios en su misericordia aún encontrará el bien y el por qué del rescate y hará todo lo posible para salvarnos. Podemos mirar el fuego y los humos con todos los escombros de rechazo; pero Dios nos mira y ve el proceso necesario y el propósito del posicionamiento.

El siguiente par de versículos marca el poder de este capítulo. El EVA del EVAngelismo. El amanecer de un nuevo enfoque para una práctica necesaria desde hace mucho tiempo, llegando a los perdidos.

La instrucción dada a los que estaban alrededor de Josué era doble:
- Quítate la ropa sucia de él
- Póngale un turbante limpio y ropa fresca.

Prestemos atención a lo que está sucediendo aquí, proximidad y posición. Déjame explicar. La única forma de quitarse la ropa o ponerse un turbante y ropa fresca es acercarse lo suficiente. No es una postura de nosotros contra ellos. No es estar parado en el púlpito, desde una oficina o extender un deseo que nos acerque a la gente, los Josué que nos necesitan. Debemos decidir que cada una de las creaciones humanas de Dios es tan importante que estamos dispuestos a ir cuando Dios nos dice que vayan. Ahora no estoy siendo ingenuo al decirle que vaya a donde Dios no lo ha enviado. Necesitas orar; necesita tener una visión y dirección de Dios con la estrategia sobre cómo y dónde debe ir. Incluso Jesús fue intencional mientras caminaba por la tierra y adónde envió a los discípulos. Estoy diciendo que tendrás momentos de comisionar donde te llaman para salir y ministrar y cuando vengan necesitas tener el corazón para ir, incluso si los lugares que te envían son incómodos.

Lo siguiente sobre este texto es la posición. Debe poder posicionarse con la persona o la comunidad si va a dirigirse a ellos. Esto requiere personas que deslumbran y oficinas en las que puede sentirse incómodo. Aquí está la cosa, la proximidad solo te lleva a la puerta. El posicionamiento le permite acceder a tocar e interactuar a nivel personal. La única forma en que podían quitarle la ropa, limpiarlo y vestirlo era a través de un nivel de rendición que solo llegaba a través del posicionamiento. Piénselo, ¿permitiría que cualquiera se quite la ropa? Absolutamente no. Entonces, ¿cómo sería su posición en tu vida para que eso suceda?

Creo que si realmente nos tomamos el tiempo para actuar hacia los Josué del mundo, Dios estará allí a nuestro lado para darnos el favor. Cuando la gente ve que estamos dispuestos a reconocer, no condenar el fuego que los rodea, la prostitución, las drogas, el abuso, el homicidio, la mentira, el robo, etc. y aún así estar dispuestos a acercarse a ellos. No rechazarán nuestra mano y desearán ayudarlos a salir de sus trapos sucios y convertirlos en algo nuevo.

Antes de continuar, reflexionemos sobre este capítulo sobre el EVA del evangelismo. Sea intencional para discutir dónde estaba antes de leer esta sección y ahora que lo ha leído, ¿cómo ha impactado su vida? Intente en esta sección ver de manera transparente su mentalidad tradicional o religiosa hacia el evangelismo y esté dispuesto a considerar entrar en el amanecer de un nuevo enfoque para ganar almas para el reino.

PAUSA: Antes de continuar, vaya a sus libros de trabajo y complete la reflexión respectiva para este capítulo.

CAPÍTULO 3
Pasos Para Establecer

"Donde no hay visión, la gente perece"
Proverbios 29:18
Mi gente perece por falta de comprensión "
Oseas 4: 6

Una de las cosas más peligrosas que estoy observando en estos días es lo fácil que la gente piensa que es comenzar un ministerio. Déjame explicar. Hay iglesias que se levantan todos los días. Algunas iglesias se levantan porque alguien se levanta y cree que Dios los ha llamado. Y puede que los haya llamado, pero ¿les dijo que fueran cuando fueran o que fueran a donde fueron? Algunas iglesias son el resultado de personas formando una iglesia dentro de una iglesia. Hay quienes calientan los bancos y critican cómo se hacen las cosas con la intención diabólica de atraer a las personas hacia sí mismas. El propio hijo de David hizo algo por el estilo.

Desde el interior del palacio, uno de los hijos de David, Absalón, comenzó a buscar formas de negar la corona de su padre. PAUSA: esto se llama el espíritu Absalón. Es un espíritu que supera a un miembro, generalmente un líder, alguien en posición de influencia. Se abre camino en el corazón de esa persona y en poco tiempo la iglesia se ha dividido en dos, tres o más. Así que hoy, estamos viendo iglesias con un líder que posee el espíritu Absalón. ¿Por qué es esto tan importante? Para evitar la mala práctica clerical en el púlpito y dar paso al crecimiento saludable de una iglesia, es importante buscar el corazón del liderazgo

Buscar el corazón del liderazgo es tanto individual como colectivo. Es importante que todos los involucrados se desnuden ante Dios al considerar los orígenes de la iglesia. ¿Cuál es la visión de la iglesia? ¿Quién es el liderazgo? ¿Están equipados para liderar? ¿Tiene la iglesia un plan de crecimiento o es suficiente para presentarse al servicio y las reuniones? ¿Existe un plan para el desarrollo ministerial? ¿Hay algún plan para que la iglesia cambie de cinco a cincuenta o más? Si no puedo sentarme con el pastor, que es una mentalidad muy arraigada de muchos, especialmente si les gusto, soy de las "Islas". Esta es una tradición que esencialmente lleva a la noción de, "Si no puedo sentarme con el pastor o sacerdote, ¿con quién me puedo sentar según mis necesidades? "¿Tuvo la iglesia un buen o mal comienzo? Si la iglesia tuvo un mal comienzo, y algunas iglesias la tienen, la pregunta debe hacerse, ¿ha sido sanada? ¿Se ha erradicado el dolor del pasado? ¿Están los líderes al servicio de Absalón?

Aprovecharé este momento para resaltar tres de los espíritus que tienden a destruir iglesias, uno de los cuales es el espíritu Absalón, un espíritu que trabaja dentro del liderazgo. El segundo es el espíritu de Jezabel, el gran titiritero que trabaja desde afuera, manipulando la membresía, alejando sus corazones de la verdad, creando una falsa doctrina que cambia del amor de Dios al amor de Baal. El siguiente es el espíritu fariseo, uno de naturaleza religiosa, que hace todo lo posible para mantener el estatus quo de lo que era. Serán más religiosos, condenarán a los recién llegados y abrumarán a los que tienen historia en el ministerio con reglas que hacen que amar y servir sea un gran desafío. Hay otros espíritus que atacan a la iglesia, sin embargo, la familiaridad con estos espíritus más frecuentes lo ayudará como líder a comprender lo que está sucediendo en su ministerio y cómo avanzar.

Este capítulo sobre ESTABLECER trata sobre establecer un plan para que su ministerio crezca a través del EVAngelismo. Para que eso sea efectivo, una conciencia del clima del ministerio es clave. Si usted como pastor o líder del ministerio no es consciente de las oposiciones espirituales que tiene dentro de los muros espirituales y naturales de su ministerio, ¿cómo podrá salir y realmente ganar almas? Cuando las almas entren a tu iglesia, ¿a dónde irán? ¿Estas personas estarán mejor en su entorno o en las calles, dentro de la comunidad donde los encontró? Amigos, la idea de traer a alguien al ministerio es como vimos en el caso de Josué en el libro de Zacarías, todo acerca de la proximidad y la posición. Atraparlos y traerlos requiere MUCHO trabajo. ¿Qué verán diferente en su ministerio que hará que se queden? ¿Cómo les comunicará eso además de entregarles un folleto y hacer que lo lean? Es importante tener esto en cuenta a medida que profundizamos en la carne y las papas de este capítulo.

Este capítulo, junto con los dos siguientes, tendrá momentos de TESTIMONIOS.

Dentro de los testimonios, compartiré algunas de las cosas que mi equipo y yo implementamos en la construcción de los cimientos de nuestra iglesia y también sobre nuestro enfoque de evangelismo. No todas las secciones tendrán testimonios, sin embargo, las secciones que las tienen servirán como guía para comprender que este no es solo un libro que es abstracto en su aplicación, sino también una guía para mi iglesia, la Iglesia Internacional Ríos Fluyendo.

Establece tu visión, tu QUÉ

"Donde no hay visión, la gente perece"
Proverbios 29:18

La iglesia DEBE tener una visión que defina claramente el por qué de su existencia. ¿Quiénes son y por qué están en la ciudad, comunidad o región en la que se encuentran? Creo firmemente que cuando Dios establece una iglesia dentro de una comunidad, sirve para agregar valor que conduce a la transformación. No creo que una iglesia deba ocupar un puesto en un rincón de la ciudad, realizar servicios todas las semanas y no tener ningún impacto en la comunidad en la que se encuentran. El impacto de cada iglesia no tiene que verse igual; pero debe Ser un impacto, una señal de que el Reino de Dios ha llegado a esa área. El objetivo de alcanzar o comprender el propósito de ser asignado a una comunidad es tener una visión clara.

En el libro de Lucas capítulo 11, vemos donde Jesús hace una declaración clara pero profunda sobre lo que sucede cuando entra el Reino de Dios. Diría, cuando la iglesia se establece en una ciudad.

14 Jesús estaba expulsando a un demonio que estaba mudo. Cuando el demonio se fue, el hombre que había sido mudo habló y la multitud quedó asombrada. 15 Pero algunos de ellos dijeron: "Por Beelzebul, el príncipe de los demonios, está expulsando demonios". 16 Otros lo pusieron a prueba pidiendo una señal del cielo.

17 Jesús conocía sus pensamientos y les dijo: "Cualquier reino dividido contra sí mismo se arruinará, y una casa dividida contra sí misma caerá. 18 Si Satanás está dividido contra sí mismo, ¿cómo puede mantenerse su reino? Digo esto porque afirmas que expulso a los demonios por Beelzebul. 19 Ahora, si expulso a los demonios por Belcebul, ¿por quién los expulsan tus seguidores? Entonces, serán tus jueces. 20 Pero si expulso demonios por el dedo de Dios, entonces el reino de Dios ha venido sobre ti.

(Lucas 11: 14-20, NVI)

Jesús está dejando en claro que antes de su llegada, las obras que estaban viendo eran de naturaleza demoníaca, lideradas por Belcebul. Los demonios atacaban bajo la orden de su líder, por lo que cuando Jesús apareció en la escena, estaba demostrando una obra mayor que Beelzebul. Expulsó el espíritu mudo del hombre, algo sorprendente para todos los que lo rodeaban. ¿Sabes que cuando la gente no está acostumbrada a ver algo nuevo puede llevarlos al miedo y no solo eso, conducir al tormento? Jesús les dijo valientemente que, si Satanás estaba en contra de sí mismo, su reino estaría dividido y, por lo tanto, no se mantendría firme. Sería ridículo que Satanás dividiera su propio reino, Esa es la mala gobernanza. Me encanta lo que Jesús dice en v20 "Pero si expulso a los demonios por el dedo de Dios, entonces el Reino de Dios ha venido sobre ti" Lucas 11:20, NVI

Cuando una iglesia entra en una comunidad, es representativa del Reino de Dios llegando a ese lugar. DEBE haber evidencia, fruto que demuestre que son diferentes de la cultura que existía anteriormente. Cuando pienso en pequeñas comunidades donde hay más de 100 iglesias con un mínimo o ningún cambio dentro de la comunidad, me detengo a preguntarme: ¿ha llegado el Reino de Dios? Si los demonios están siendo expulsados y se quedan en el lugar de donde fueron expulsados, ¿ha llegado el Reino de Dios? Cada iglesia, incluida la mía, no puede ser otro edificio o espacio dentro de una comunidad que tenga reuniones de culto con la esperanza de ser mejor que la próxima. Eso provoca un espíritu competitivo que sirve para dividir y distanciar aún más a la iglesia del propósito de Dios.

¿Qué Es Una Visión?

Comencemos por definir una visión.

En el diccionario, la palabra visión se define como "el acto o poder de ver ... algo visto en un sueño o trance ... una apariencia sobrenatural que transmite revelación ... un pensamiento, concepto u objeto formado por la imaginación". Con el ojo natural,

El profeta Ezequiel tuvo visiones cuando el Señor le reveló la restauración del área del templo.

"2 En las visiones de Dios, me llevó a la tierra de Israel y me puso en una montaña muy alta; hacia el sur había algo parecido a la estructura de una ciudad. 3 Me llevó allí, y he aquí, había un hombre cuya apariencia era como la apariencia de bronce. Tenía una línea de lino y una vara de medir en la mano, y se paró en la entrada.

4 Y el hombre me dijo: "Hijo de hombre, mira con tus ojos y escucha con tus oídos, y [a] fija tu mente en todo lo que te muestro; porque fuiste traído aquí para que te los enseñe.

Declara a la casa de Israel todo lo que ves "
Ezequiel 40: 2-4, NKJV

Observe que lo que vio Ezequiel aún no se había cumplido. Fue llevado en una visión a un lugar que estaba por venir, pero Dios reveló al profeta un presagio de esperanza. Sería un mensaje de que no todo está perdido, llegaba un día en que lo que se había destruido algún día sería restaurado. Una visión, entonces, es a menudo el acto de presagiar lo que está por venir. Es una revelación o revelación de esas cosas que están ocultas a simple vista.

El profeta Joel, dice con respecto a las visiones, que, "... luego sucederá que derramaré Mi Espíritu sobre toda carne; Tus hijos y tus hijas profetizarán, tus viejos soñarán sueños, tus jóvenes verán visiones. 29 Y también en Mis sirvientes y Mis sirvientas, derramaré Mi Espíritu en esos días." Joel 2: 28-29, NKJV Lo que es importante notar aquí es que muchos creen que estos últimos días ya han llegado a Pasar pero; todavía estamos viviendo en esos días que Joel profetizó. Cuando el apóstol Pedro se refirió a estos días en Hechos 2, no solo se refería a la manifestación del Espíritu Santo en el 120, sino al hecho de que ahora estamos en un tiempo donde lo que se mostró en una visión ahora se ha vuelto real. Lo que esto le está diciendo a la iglesia hoy es que lo que se reveló en el antiguo testamento era solo una sombra de lo que está sucediendo hoy.

Lo que vemos en una visión no es algo natural, es mucho más grande que eso. Para el propósito de este material de estudio, consideramos las visiones como revelaciones que son de naturaleza sobrenatural, revelando ya sea en sueños, durante la oración o la meditación, donde se levantan las cortinas de una verdad oculta que lleva una realidad inminente. A medida que avanzamos, queremos que usted, el lector, tenga en cuenta el objetivo de este libro, que es llevarnos a comprender qué es una visión, así como la visión de los Ministerios Terika Smith para incluir la Iglesia Internacional Ríos Fluyendo y todos aquellos que son parte del cuerpo.

Como vimos en ambos textos, las visiones dependían de que alguien las viera o experimentara. Por lo tanto, las visiones son revelaciones divinas o sobrenaturales hechas a los hombres, que se refieren a la humanidad. Muchas personas reciben visiones, pero no entienden lo que está sucediendo. Creemos que se requiere fe para estar realmente de acuerdo y recibir la visión que se revela. Si no tiene cuidado, uno podría confundir una visión con una pesadilla o un sueño, sea malo o bueno.

Oseas 4: 6 nos dice que la consecuencia de la falta de visión es el fracaso o la destrucción. ¿A qué se refiere y cómo se aplica eso a nosotros hoy? Las visiones como hemos aprendido se depositan en una persona. El objetivo es poner esa visión en movimiento. Cada vez que Dios revela algo, podemos estar seguros de que hay un resultado esperado. El desafío está en aquellas áreas donde hay falta de fe. Entonces, si estamos de acuerdo con Oseas, él está diciendo que la falta de revelación hace que las personas cometan errores que conducen a consecuencias perjudiciales. Las visiones no solo revelan la verdad, sino que promueven la comprensión de cómo proceder, independientemente del plan o las decisiones que deban tomarse.

Nuestro texto base, Habacuc 2: 2-3 dice: *"Escribe la visión y hazla clara en tabletas, para que pueda correr quien la lea. 3 Porque la visión es aún para un tiempo señalado; Pero al final hablará y no mentirá. Aunque se retrasa, aguarde; Porque seguramente vendrá, no se demorará". Nos recuerda que primero debemos captar la visión y luego actuar en consecuencia.*

- Escribe La Visión
- Que Sea Simple O Comprensible Para El Lector
- Hacerlo Accesible En Un Foro Donde Otros Puedan Acceder

Una persona que cree la visión que se les ha revelado, independientemente de lo audaz que sea, necesita tomarse el tiempo y ponerla en papel. La fe pone en marcha el acto de simplemente escribirlo y compartirlo con alguien. Solía lanzar el disco cuando estaba en atletismo. Lo que pasa con el disco es la acumulación de impulso a medida que te mueves a través del círculo. Cuanto más rápido se mueva a través del círculo con los ojos enfocados en el objetivo, mayor será el impacto en el lanzamiento. En otras palabras, la visión se vuelve más viva en una persona o grupo cuando se coloca en lugares estratégicos y cuanto más se discute, más viva se vuelve. Solía decirles a mis atletas: "Si puedes verlo en tu mente, puedes hacerlo. Si puedes verte tirar lejos, entonces puedes hacerlo. Todo comienza con verlo y luego creer que es posible". Piénselo, un automóvil no se construye sin un plan, un plan no se construye sin un plan ni una casa se construye sin un plan. Ese plan se deriva de una visión.

En resumen, una visión es una revelación interna con una manifestación externa. Para el cuerpo de fe, es lo que Dios deposita en ti que luego te das cuenta del mundo que te rodea.

Volver al disco, lanzar lejos requería verte tirar la distancia, tener un marcador al que puedas apuntar, estar motivado por personas que creen en ti y estar dispuesto a hacer un trabajo extra para lograr tu objetivo. Existe una gran correlación entre el disco y la configuración de la visión. No lo vi antes, pero ahora sí.

La Configuración De La visión, Por lo tanto, Requiere Varias Cosas:

• Creer Que La Revelación Es Posible
• Véalo En Lo Invisible Antes De Que Pueda Manifestarse En Lo Visible
• Establezca Una Meta O Plan Para Ver Que Se Cumpla
• Pase Tiempo Con Personas Que Creen Lo Mismo Que Usted O Que

Pueden Ver Hacia Dónde Se Dirige Y Brinde Apoyo Para Que Se Cumpla.

Dios le reveló a Ezequiel lo que iba a hacer con el templo antes de Israel, aún no había sucedido, pero lo leímos hoy y sabemos que estamos más cerca de suceder a medida que seguimos las señales de aquellos que creen ellos vieron.

Testimonio: Cuando nuestra iglesia comenzó, nunca nos sentamos a discutir cómo podíamos ver y sonar competitivamente diferentes a cualquier otra iglesia. Estábamos muy concentrados en encontrar el plan y el propósito de Dios para nuestras vidas. Queríamos saber qué quería Dios y cómo quería que lo hiciéramos. Debo decirte que no fue fácil. Queríamos un nombre que no fuera tradicional y relevante para el propósito. Entonces, ¿qué quiero decir con relevante para el propósito? Nike vende zapatos y muchos otros artículos, cada pieza de producto Nike tiene la marca Nike. No puedes confundir a Nike con Converse. Es su marca. Siempre están buscando formas de estar a la altura de su marca, creando ropa atemporal que, independientemente de la generación, puedan apreciarla. Este concepto no siempre se cruza al mundo de la iglesia. Queríamos asegurarnos de que nuestro nombre y nuestra marca reflejaran el corazón de Dios para nuestras vidas. Queríamos asegurarnos de que donde quiera que vayamos, el nombre cobre vida en los corazones de todos los presentes.

La Iglesia Internacional Ríos Fluyendo fue un nombre nacido de la oración y buscando dirección de Dios. Somos un pueblo que cree firmemente en el Espíritu Santo y su movimiento. Sabemos y entendemos que el texto Ezequiel 47: 8 se refiere a algo más que a las aguas que fluyen debajo del templo, sino que también es simbólico del Espíritu Santo. Nos cautivó la parte de las Escrituras donde dice que donde el agua toca traerá vida. ¡ESO ES PODEROSO! Queríamos y seguimos siendo, ESA iglesia que trae vida donde quiera que vayamos. No, no somos seres humanos perfectos, pero tenemos un Espíritu Santo que lo es. Nos llevó cerca de tres años realmente desarrollar nuestra visión de la iglesia. Sí, unos años, comenzamos con algo simple y sincero, pero que carecía de claridad sobre la verdadera esencia de quiénes seríamos como cuerpo. Vea nuestra declaración de visión en el apéndice. Aprendimos que estaba bien revisar y revisar continuamente la visión, si no por otra razón, para que nuestras decisiones estuvieran alineadas con lo que Dios nos dijo. También queríamos asegurarnos de que nuestra comunidad de la iglesia adquiriera continuamente una comprensión de quiénes éramos como cuerpo y por qué hacemos lo que hacemos.

Establezca Su Propósito: Su POR QUÉ

La visión es clave para el propósito. Toda iglesia debe tener un propósito y ese propósito no puede ser llenar los bancos. Jesús dijo que su propósito era hacer la voluntad de Aquel que lo envió. Nunca vimos a Jesús predicar sobre sí mismo. Nunca en las Escrituras vimos a Jesús tomar crédito por las obras que hizo mientras estuvo en la tierra. Él siempre le dio el crédito a Dios, el que lo envió.

¿Por qué existe tu iglesia? Esta es una gran pregunta y, sinceramente, difícil de responder por muchos. Algunas iglesias comienzan a partir de una división, miembros descontentos que deciden irse y están listos para hacerlo mejor en otro lugar. Algunos comienzan porque alguien tiene un llamado y en lugar de esperar a Dios por el momento y el salto de posición para comenzar; a veces permanecen bajos en número, principalmente su familia y quizás uno o dos más. Luego, hay iglesias plantadas dentro de una comunidad por un cuerpo más grande con el objetivo de extender su alcance en el mundo de la iglesia. Algunas iglesias tienen el comienzo de Amos 3: 3, "¿Cómo pueden caminar dos juntos a menos que estén de acuerdo?" O como Pablo y Juan Marcos, no continuaron juntos debido a la inmadurez filosófica y espiritual y por eso fue mejor que entraran direcciones separadas Ambos continuaron en el ministerio y luego se reunieron.

¿Cuál es el propósito de su iglesia en la comunidad en la que Dios la ha colocado? Si te colocas allí, tendrás dificultades para responder esta pregunta. Si Dios te ha colocado allí, entonces habrá una alineación con lo que estás haciendo y con quién fluye hacia las puertas de tu iglesia. ¿Qué te hace diferente de la iglesia al otro lado de la calle, en la cuadra o en cualquier lugar cercano? ¿Fue mejor para ti comenzar una nueva iglesia en esa comunidad? ¿Cómo lo sabes? ¿Por qué no te uniste al que está a tu lado, en la calle o en tu edificio? Si eres nuevo, ¿qué provocó tu novedad? ¿Acabas de graduarte del seminario y sentiste que esta era tu temporada? ¿Te envió un cuerpo más grande y te liberaron en esa comunidad? Si es así, ¿cuál es su propósito para ti allí?

Las preguntas a propósito son muchas y hay más. Es importante que el pastor / líder de cada iglesia comprenda el por qué de su existencia para impactar realmente en la comunidad que los rodea. No se conforme con que pudo pasar un día en el parque dando testimonio, eso es bueno, o ayudar a una persona sin hogar en su comunidad, eso también es bueno. Adivina qué, también lo son los demás. Propósito, resultados en impacto y legado.

Impacto: lo estamos definiendo como el efecto o influencia de una persona, cosa o acción, en otra

Legado: estamos definiendo legado como algo transmitido por un predecesor, una herencia, un testamento

Propósito: es la capacidad de tener impacto y establecer un legado replicable para dejar un impacto duradero. En el mundo de la iglesia no se trata de la herencia familiar, la unción y el llamado de Dios a la vida de uno no se transmiten en un testamento, es prerrogativa de DIOS. Sin embargo, es la influencia divina de Dios sobre una comunidad en la que se lleva a cabo el propósito de Dios. El escéptico diría aquí: "¿No estamos todos haciendo el propósito de Dios?" Hay un punto en eso, bueno, malo o indiferente. Sin embargo, mi enfoque en este libro es hablar cuando el Señor conduce a la comunidad de la iglesia a un nuevo enfoque del Evangelismo y por qué las cosas pueden o no funcionar. Sin visión, sin propósito no hay dirección.

Testimonio: FRI se inició a partir de una llamada de atención que decía que mi tiempo había llegado a su fin en la iglesia que pastoreaba durante más de cinco años. Desde el exterior, el final se veía feo y para algunos vergonzoso, sin embargo, todos aprenderíamos, incluyéndome a mi misma, que era una salida necesaria para entrar en el propósito para el que Dios me trajo a Nueva Inglaterra. Si puedo confesar, tener una iglesia en la ciudad de Lawrence donde vivo no es lo que quería. Yo, junto con el pequeño grupo que estaba pastoreando en ese momento, buscamos lugares lejos de Lawrence, ¡PERO DIOS! Él tenía otros planes para nosotros y nos trajo a un lugar que no merecemos; pero diariamente vemos su mano trabajando. No estamos en esta ciudad para ser otra de más de 100 iglesias. Tenemos claro que debemos agregar valor a la obra del Señor en esta ciudad. Tenemos claro que el Reino de Dios ha llegado a la ciudad. Suena audaz y audaz saber que hay tanta historia en esta ciudad, sin embargo, lo que estamos diciendo es simplemente esto. Las aguas que fluyen desde debajo del templo que da vida a lo que toca ha llegado. SÓLO somos como nosotros, aquí para lograr lo que Él nos ha establecido para lograr. Nuestro propósito no es ir a otros campamentos, ver qué tienen y no tenemos que competir con ellos dentro de la ciudad y más allá. El original de un diseñador no es una réplica, es único.

Si Dios ha establecido su ministerio en la comunidad donde se encuentra, ¿qué hace que su iglesia sea única? ¿Cómo estás comunicando tu singularidad? Ahora que sus ruedas están girando, considere esto, su visión impulsa su propósito y su propósito impulsa su plan. Encontrará que el caos reside en iniciativas sin dirección.

Establezca su plan: su CÓMO

¿Cuál es su plan para su ministerio? ¿Quieres una iglesia tradicional o una iglesia no tradicional? ¿Quieres establecer la iglesia en una comunidad rural, o urbana? ¿A quién involucrarás en el proceso? En el mundo de los negocios, esto es parte de su planificación estratégica para su empresa. Sí, su iglesia también necesita un plan estratégico. Aquí hay algunos pasos útiles que puede seguir:

Establezca su ministerio: su VEHÍCULO (dar tratados, en persona, video, etc.).

Cuando establezca su ministerio, le recomiendo que tenga clara la visión que Dios le ha dado. ¿Él depositó en usted un modelo de iglesia completa o un modelo de grupo celular?

- El modelo de iglesia completa se define para los propósitos de este trabajo como una iglesia que es representativa del diseño tradicional de la iglesia tal como la conocemos. La iglesia tendría un pastor principal, otros ministros o líderes, ministerios que reflejen el cuerpo, el plan de crecimiento o mantenimiento, etc.

• El modelo de grupo celular se define aquí como un pequeño grupo de estudio bíblico que puede o no convertirse en el modelo completo de la iglesia. En algunos casos, puede convertirse en la iglesia real, pero sin la política del modelo completo de la iglesia como se describió anteriormente.

Es de suma importancia cuando se considera el tipo de ministerio que el Señor ha depositado en usted que usted sea fiel a él. Recuerde, el plan NO es suyo, es suyo, por lo que la bendición del plan que tiene efecto radica en su capacidad como líder para descansar en su liderazgo.

Establezca su equipo: su OMS

No todos se sientan en la mesa inicial, es importante tener algunas personas con espíritu afín sentados a la mesa con usted. No todos los que se sientan a la mesa están contigo. Habrá gente allí con agendas ocultas. He aprendido que no me corresponde centrarme en las agendas de los demás, sino en el plan de Dios. Puede que te estés rascando la cabeza ahora y te preguntes por qué, ¿no son importantes esas personas para identificar y extraer? No necesariamente. Las agendas ocultas te mantienen de rodillas y enfocado en el plan de Dios. En una parábola, Jesús les dijo a sus discípulos lo siguiente;

"24 Jesús les contó otra parábola:" El reino de los cielos es como un hombre que sembró buena semilla en su campo. 25 Pero mientras todos dormían, su enemigo vino y sembró malas hierbas entre el trigo, y se fue. 26 Cuando el trigo brotó y formó cabezas, también aparecieron las malas hierbas. 27 "Los sirvientes del dueño se le acercaron y le dijeron:" Señor, ¿no sembró buena semilla en su campo? ¿De dónde vinieron entonces las malezas?" "28" "Un enemigo hizo esto", respondió. "Los sirvientes le preguntaron:" ¿Quieres que vayamos y los levantemos? 29 "" No ", respondió," porque mientras tiras de la maleza, puedes arrancar el trigo con ellos. 30 Dejen que ambos crezcan juntos hasta la cosecha. En ese momento, les diré a los cosechadores: Primero recojan las malas hierbas y átenlas en bultos para quemarlas; luego recoge el trigo y llévalo a mi granero ".

Mateo 13: 24-30 (NVI)

En la parábola, Jesús les estaba haciendo saber que el trigo y las malas hierbas tienen un propósito juntos. Verá, existe un riesgo al arrancar las malas hierbas, puede arrancar el trigo por error. Al esforzarse tanto por deshacerse de los que tienen agendas ocultas, puede desarrollar una actitud de desconfianza tan fuerte que echa de menos al que realmente es un activo para su ministerio, pero necesita una guía sólida. Judas estaba en la mesa con Jesús; pero se parecía a los demás y Jesús le enseñó de la misma manera que a los otros once. Jesús sabía que lo traicionaría, pero ni una sola vez lo trató de manera diferente. Es un lugar extraño para estar como líder hoy, sin tener un lugar cercano a la profundidad de la compasión que tenía Jesús, pero tenemos la responsabilidad divina de buscarlo a diario. La compasión de Cristo nos permite ver lo que Dios ve y trabajar con la gente, Él nos envía.

Como líder, no se apresure a asignar roles a las personas porque están en la mesa. Si son familiares ten mucho cuidado. Recuerde, esto es un negocio del reino, no una familia.

Negocio, así que deja que el Rey lidere tu toma de decisiones. El error humano en la asignación de roles puede conducir a lo que yo llamo, muertes ministeriales. Nadie tiene derecho al gobierno de una iglesia, sino el asignado por el "gobernador", el propio Señor. No puedo enfatizar lo suficiente, debes saber que Dios te ha llamado, es SOLO entonces que buscarás Su dirección. Cuando las Escrituras dicen: *"No toquéis a mi ungido, y no hagáis daño a mis profetas" (1 Crónicas 16:22 RV)* me dice que cuando eres llamado de Dios te conviertes en Su ungido. Esto NO tiene licencia para hacer lo que quiera, mal uso o abuso del ministerio o del pueblo de Dios. Tampoco significa que estará perfecto y libre de caídas, sino que significa que está bajo el cuidado y la vigilancia de alguien más grande que usted. Cuando te equivocas, y lo harás, tu cuenta es para Dios. Es porque estás llamado a ser Su ungido, cualquiera que interfiera con Su plan para tu vida no tendrá que reportarte sino a ÉL. Que mi amigo es un lugar peligroso para estar.

Establezca su marco de tiempo: su CUÁNDO

¿Cuándo lanzarán su ministerio es la gran pregunta? No creo que haya un momento perfecto para los libros de texto sobre cuándo iniciar su ministerio. Sin embargo, creo que hay un momento de Dios para lanzar. ¿Qué es un tiempo de Dios? Un tiempo de Dios es el momento en que la abrumadora paz de Dios descansa sobre ti como el Espíritu Santo en forma de paloma descansando sobre Jesús, identificándolo como el Hijo de Dios. Es ese momento cuando sabes dentro de tu corazón que Dios está diciendo: "Lánzate". Sal a las aguas profundas, déjate llevar tan profundamente dentro que no quede ninguno de ustedes, solo Él.
Testimonial

Recuerdo cuando nos estábamos preparando para lanzar nuestra iglesia. Sí, fue aterrador, especialmente en las circunstancias de nuestro nacimiento; pero hubo una abrumadora paz de Dios que me dijo que era lo correcto y el momento adecuado. Tenía un grupo de personas en la mesa. No estaba buscando a aquellos con agendas ocultas, estaba enfocado en SU agenda. No nos llevó mucho tiempo, cuatro días para ser exactos, armar la iglesia. No sabíamos cuántas personas tendríamos; Sabíamos que era la temporada de nuestro nacimiento. Todavía estaba en el líquido de parto de mi temporada anterior y, sin embargo, estaba entrando en una nueva temporada. Fue espantoso. ¡No estaba en control! Ese es mi punto sobre el momento perfecto. En un día normal, en un escenario normal, habría tenido sentido práctico esperar un tiempo, sanar y luego regresar al púlpito. Ese no fue el caso, Dios lo cronometró de tal manera que antes de que pudiera sangrar, me curé. ¡No intentes esto como en casa! Sí, antes de que pudiera sangrar, Dios ya me había preparado no solo para soportar la tormenta sino también para lanzarme a las profundidades.

En nuestro primer domingo, Dios nos envió a 52 personas, sin precedentes, especialmente porque no nos habíamos embarcado en evangelismo de ninguna manera. Yo tenía un equipo; Teníamos una ubicación y Él envió a la gente. Algunos se han mudado a diferentes ubicaciones por diferentes razones a lo largo de los años, pero nuestro número nunca bajó. Ahora estamos en nuestro quinto año y digamos que nuestra iglesia de niños solo tiene muchos domingos con 52 o más niños. Esta no es la norma, así que, de nuevo, no intentes esto en casa. Pruébalo en Dios, confía en su tiempo y lanza cuando Él te dice: vete.

Después de su lanzamiento, es importante que haya establecido tiempos o temporadas dentro del ministerio donde involucrará a su equipo en un seguimiento o evaluación del progreso del ministerio. ¿Cómo están sus pastores, líderes y voluntarios? ¿Cómo es el alcance comunitario? ¿Estás gastando más de lo que traes? ¿Están usted y el equipo dispuestos a continuar? Espero que la respuesta sea sí a lo último. Si Dios te dijo que fueras, entonces confía en que Él te verá a través de las pruebas. Si hizo el giro equivocado, reconózcalo, reténgase y vuelva a la pista. Esté dispuesto a admitir ante Dios sus errores, Él ya sabe, pero no puede hacer nada hasta que lo invite a entrar.

PAUSA: Antes de continuar, vaya a sus libros de trabajo y complete la reflexión correspondiente para este capítulo.

Apostle, Dr. Terika Smith

CAPÍTULO 4
CONOCIENDO TU VECINDAD

Como un niño que crece en Jamaica, uno de los momentos más memorables fue el tiempo que pasé con los niños del vecindario. ¡Lo hicimos todo! Jugamos en las calles, subimos las pequeñas colinas y utilizamos cajas de cartón como nuestra versión de trineos. En esas cajas nos deslizábamos cuesta abajo, sin pensarlo, era el cielo. Conocíamos a todas las familias de la cuadra, a todas las familias de la comunidad circundante. Si había un niño allí de nuestra edad, los conocíamos a ellos y a sus padres. Si bien nuestra cultura no estaba abierta a muchas horas de sueño, pasamos largas horas afuera jugando, contando historias y comiendo cualquier fruta de temporada.

Un día, regresaba a casa de la escuela con mis amigos del vecindario. De la nada salió un veloz jeep del ejército, vivía en la base militar llamada Parque Campo Arriba, una parte de la Fuerza de Defensa de Jamaica en Kingston. Este soldado iba tan rápido que me golpeó. Me quedé inconsciente. Mi padre se enteró de eso; Era la charla del pueblo. Mi padre era un funcionario de muy alto rango en la Fuerza de Defensa de Jamaica. Todos, y cualquiera había oído hablar de él y sabía dónde vivía. Se corrió la voz rápidamente y la larga historia se hizo corta, mi accidente fue manejado de manera responsable y hoy estoy aquí para contar la historia.

No recuerdo cuántas familias vivían en esa comunidad, pero sí recuerdo esto. No importaba a dónde iba ni a dónde iban mis hermanos, solo la mención de nuestro apellido lleva a la pregunta de quiénes somos los hijos. Todos en la comunidad nos conocían. Fuera de la base militar en la proximidad local o entre personas que estaban familiarizadas con la Fuerza de Defensa de Jamaica en ese momento reconocieron y sabían quién era. Conocíamos a la comunidad y la comunidad nos conocía bien. Debo decir que la comunidad conocía bien a nuestro padre.

Comparto esta historia al considerar a nuestro padre celestial. La comunidad de la humanidad tiene una comprensión global de quién es Él. A pesar de que algunos lo rechazan, algunos cuestionan su existencia y otros intentan jugar la balanza de quién es Él sin interrumpir el estatus quo de su existencia. Existe la verdad de que donde quiera que vaya puede entablar una conversación en torno a Dios, quién es Él, dónde está y cómo sabemos que es real. La lista es larga, pero tenemos claro esto, es un tema que provocará una discusión saludable, buena o mala. Si mantenemos esto en perspectiva en términos de vecindarios y comunidades, no importa el idioma, la cultura o la dinámica social, donde sea que surja la conversación en torno a la fe o la religión, Dios está en el centro.

Al principio no entendía por qué El Señor me guió por este camino en mi infancia, pero ahora lo hago. Usted ve, barrios, vecindades, comunidades son movidas y entendidas por denominadores comunes. En la comunidad donde crecí, mi padre para una niña era mi denominador común. En nuestra sociedad, Dios es un denominador común. No importa la vida que uno lleve, todos tienen una opinión sobre quién es Dios. ¡Eso es impresionante! Entiendo que ha habido leyes para eliminar públicamente la oración y a Dios de los documentos escritos y publicados, pero no es interesante, para eliminar a DIOS, debes entender por qué estaba allí en primer lugar. Agrego, ¿cómo puedes eliminar a alguien que no puedes ver?

En este libro, Dios me ha llevado a que veamos los alrededores de una manera novedosa, novedosa para mí y quizás para ti mismo. Quiere que veamos denominadores comunes, ¿qué es lo que hará que los corazones y las mentes del hombre se vuelvan a hablar? Donde quiera que vaya, independientemente del escalón de la sociedad, ¿cuál será el denominador común? Las vecindades tienen reglas silenciosas, códigos silenciosos, hay personas que están detrás de escena tomando todas las decisiones, mientras que otros están a la vanguardia tratando de navegar por las aguas de su entorno. Cuando vives en una vecindad durante toda la vida, te conoce y tú también. Sabes cómo moverte, a dónde ir y qué decir. También sabe qué no decir, dónde no ir y de quién mantenerse alejado. Usted aprende estas reglas a través del aula de la vida, caminando por las calles de sus vecindarios, pasando tiempo en las peluquerías o salones, estableciendo contactos con los tomadores de decisiones mientras observa o evita a los que no toman las decisiones. Entiendo que estas son declaraciones generales, sin embargo, hay verdades en ellas.

Testimonial

Cuando me mudé de Jamaica a Illinois, fue una transición muy difícil. Cuando era niña, dejé a todos mis amigos y MI VICINIDAD, mi vecindario, mi idioma y mi cultura para ir a un lugar que no conocía. Sí, la gente a mi alrededor hablaba principalmente inglés, pero no era el inglés que nos enseñaron en la escuela mientras estábamos en Jamaica. Me sentí como un pez fuera del agua. Desde mis años como educadora y trabajando con niños que también eran de otros países, puedo decirles que compartieron los mismos sentimientos. Cuando era niña para mí, el denominador común era el hecho de que éramos niños y, como tales, jugábamos los juegos que jugaban los niños, tomábamos las mismas clases y comíamos en la misma cafetería. Fuera de eso, estábamos en lados opuestos de las vías. Avance rápido a donde estoy ahora, se siente como el mismo ciclo nuevamente. Como adulta, estoy en una comunidad que era extraña para mí cuando llegué. Con las personas que me rodearon en ese momento y, hasta cierto punto, incluso ahora, no son los intereses innatos lo que motivaría a una persona a querer pasar tiempo juntos. Nuestro lenguaje común está en lo que hago. Parece una locura, pero mientras el Señor me señala esto, puedo escucharlo decir: "No ganarás almas por lo que eres sino por lo que haces". ¿QUÉ, realmente Dios? Ese fue el primer pensamiento que apareció en mi cabeza cuando Él me dijo eso. Hay una GRAN verdad en esto. Confieso, quién soy no importa, lo que hago sí. Quien eres no importa, lo que haces sí.

¿Quién contra qué?

Cuando miramos la palabra vecindad, es un área que rodea inmediatamente a algo. En otras palabras, cuando consideramos la proximidad de un ministerio, estamos viendo lo que está cerca del ministerio dentro de un cierto radio de milla. Como Dios ha plantado su iglesia, mi iglesia, en una comunidad es importante comprender esta simple verdad para proceder con su obra. Quién eres en la comunidad tiene su peso y posiblemente pueda atraer a una gran multitud. El desafío es que esa multitud podría estar ahí para ti. Es posible que nunca escuchen el nombre de Jehová Dios o incluso lo reconozcan en serio como su Dios. Se centran en lo que está sucediendo en su vida como líder, pastor, obispo, etc., en lugar de quién está detrás de usted. Usted ve, a veces, quién es usted puede generar mucho ego, orgullo y mucho yo. Lo que haces puede provocar una pregunta de por qué que conducirá al diálogo abierto donde, "Si no hubiera sido por Dios en tu vida, no serías quien eres y dónde estás.

Quiero ser claro, usted como individuo es importante. Tú como portavoz de Dios; es lo que haces para levantarlo. No puedo dar crédito por donde Dios me tiene ahora. Mi vida ha dado muchos giros y, sinceramente, he tenido algunas preguntas para Dios. Entendí esto, sin Dios en mi vida y sin Él guiando cada uno de mis pasos, incluso cuando caigo, no estaría donde Él me tiene ahora. Mi qué se ha vuelto más grande que mi quién.

Te contaré un pequeño secreto. Independientemente de la comunidad en la que se encuentre, la mayoría de las personas pueden no estar interesadas en quién es usted, pero lo que usted hace siempre puede escuchar. Lo que es poderoso; tiene el potencial de convertirse en el denominador clave en Dios posicionándote para conquistar una ciudad o una nación. Además, si está haciendo un qué, hay alguien más grande que está detrás de usted, trazando el curso de sus pasos. Cuando Dios le dijo a Josué que en todas partes que pisó su pie, Él le había dado esa tierra, Josué el líder no era el denominador clave, sino su obediencia a Aquel que lo envió. Por Josué obedeciendo a Dios, Dios era el "quién" y Josué era el "qué".

Conoce Tu Vecindario, Conoce Tu Barrio

En este libro, quiero que consideres que hay dos tipos de vecindarios, en el que creciste y en el que Dios te ha puesto. Entiendo que hay muchas direcciones en las que podríamos ir para hablar sobre el vecindario, sin embargo, donde el Señor me está guiando es mantenerme alejado de la teoría y profundizar en la práctica. La teoría profunda tiene el potencial peligroso de poner la mente y el corazón del hombre en el medio mientras deja de lado a la persona más importante, el Todopoderoso. La evangelización en su vecindad no se trata de teoría, es práctica. Mientras el Señor me guía, consideremos los matices en torno a donde creciste como una vecindad y donde Dios te colocó. Quiero que tengamos en cuenta que estamos analizando nuestro ministerio general y construyendo un plan personal que conducirá al crecimiento e impacto de acuerdo con el modelo de Dios, Mateo 28: 18-20

¿Dónde creciste?

Un profeta no es bienvenido en su propia comunidad. Reflexiono sobre Jesús, todo lo que podías escuchar era: "¿No es ese el hijo de José?" No reconocieron que Él era el hijo de Dios, sino más bien el que sabían mientras crecía. No miraron el hecho de que pudieron haber conocido a Jesús cuando crecía, pero ahora era una persona diferente. Las personas de la comunidad de la que vienes te recordarán por la familia de la que viniste, las cosas que hiciste al crecer, las cosas buenas que hiciste y especialmente los errores que cometiste. ¿Recuerdas mi testimonio que compartí antes? No estoy seguro si ahora como ministro del evangelio podría volver a esa misma comunidad y predicar el Evangelio de Jesucristo. Debo decir que no podría volver allí bajo el denominador común que era mi padre. Tendría que ir como un vaso de Dios para entregar su palabra. ¿Me recibirán porque soy jamaicano? Probablemente no. ¿Me recibirán porque alguna vez corrí esas calles? Tal vez no. ¿Me recibirán porque estoy predicando la Palabra de Dios? Tal vez. Si Dios me dice que vaya, debo entender que ya no voy a volver a ese lugar como la persona que se fue. Ahora voy allí un representante del Reino de Dios. Mi enfoque está en ÉL, no en mí.

Cuando abandonas un lugar, siempre puedes contar con el hecho de que tienes recuerdos personales del lugar. A veces, la nostalgia de estar en ese lugar te trae recuerdos que te hacen sonreír, reír, llorar. Incluso puede encontrarse abrumado por las emociones. Lo que hagas con todas esas emociones cuando estés en ese lugar influirá en gran medida en el resultado de la visita.

Cuando regreses al lugar de donde vienes, mide tus movimientos:

• ¿Por qué estoy de vuelta?
o visita personal?
o asignación divina?
• ¿Quién era yo cuando estaba aquí?
• ¿Qué debo hacer para evitar volver a esa persona sabiendo que estoy en una misión más allá de mí?
• Si no estás solo, eres un ministerio, ¿por qué elegiste esa vecindad?
• ¿A quién conoces que podría servir como una buena red?
o ¿Te envió Dios a ellos?
o ¿Son una buena red debido a los recuerdos de la infancia o la asignación divina?
• ¿A qué parte de la comunidad volviste?
o ¿Es el mismo lugar o ha cambiado?
o ¿La cultura es la misma hoy que cuando creciste allí?
o ¿Sigue siendo TU capucha?

Es muy importante hacer estas preguntas y procesarlas con su equipo, si usted es un ministerio, o también puede tener una relación sincera con Dios. No puedes comenzar una tarea dada por Dios con una agenda emocional. De la misma manera, no puedes comenzar una agenda emocional y luego asignarla a Dios, simplemente no funciona.

¿Dónde Te Puso Dios?

Cuando Dios te pone en una vecindad, Él es estratégico, intencional y oportuno. Dios puede volver a ponerlo en su antigua comunidad, pero siempre estará en su momento. Israel no cruzó el Jordán con Moisés porque no era el momento para que cruzaran. Era un lugar familiar donde habían estado. Debido a la rebelión, no pudieron cruzar. Tendrían que preguntarse en el desierto durante 40 años y de allí morirían todos los hombres en edad de guerra. Los que regresaron serían una nueva generación, listos para encabezar la voz del Señor. Cuando Dios te pone en una comunidad, una vecindad, te pone en un lugar que te ha estado esperando. Puede que no te conozcan por tu nombre. Puede que no te conozcan por apariencia. Puede que no lo conozcan por credenciales ni les importa. PERO cuando una persona está buscando algo, cuando una comunidad está buscando algo, en el momento en que puede identificarlo, al principio puede asustarlo, pero con el tiempo y la persistencia habrá un abrazo.

Para cada líder de la iglesia, ministro, miembro que conoce a Dios, los ha puesto en un lugar que no entienden, solo confíe en Aquel que lo envió y DEJE QUE LLEVE. A veces, los lugares que Dios te pone no reflejan los lugares a los que te gustaría ir. a veces los lugares a los que quieres ir no son los lugares donde Dios quiere que vayas. He visto a muchas personas decidir a dónde van con la falsa comprensión de que es lo que Dios quería. He visto personas que intentan con frustración intentar hacer la obra del Señor y creer que están caminando en su voluntad. Por experiencia les diré, la obra del Señor es ardua y a veces puede ser un desafío en la carne para defender. Sin embargo, cuando Dios está en medio de ese trabajo, tu única verdad es que si Él te ha dado la tierra, pelearás algunas batallas, pero son batallas que ya se han ganado. Principados

Antes de continuar con el próximo capítulo sobre Autoridad, quiero abordar un punto muy real con respecto a las vecindades. Cada vecindario, al igual que tiene una autoridad física que gobierna la comunidad, ya sea un alcalde, un consejero, un concejal, etc., se les ha dado el derecho de gobernar esa ciudad. ¿Quién les dio ese poder? ¿Quién los nombró / ungió para el puesto en el que se encuentran? La respuesta es la gente, la gente que reside dentro de esa comunidad sí. Si votaron o permanecieron en silencio durante el período de votación, su silencio dio luz verde. ¿Por qué es importante considerar esto? Hay una relación con lo que sucede en lo físico con lo espiritual. Las autoridades espirituales no se instalan en una comunidad a menos que la comunidad espiritual los ponga allí. Déjame explicar. Puedo ver tus ojos bien abiertos aquí.

Veo que muchas iglesias y organizaciones religiosas hacen cosas asombrosas en las comunidades para ayudar a la comunidad. A menudo, el trabajo solo sirve para pacificar o crear un entorno viable que pueda ser armonioso para todos. Entonces, ¿cuál es el problema con hacer eso? No hay ningún problema en trabajar juntos, debe hacerse. Sin embargo, hago la pregunta, si la luz y la oscuridad están trabajando juntas, ¿cómo puede haber un denominador común? ¿Quién al final tomará la delantera? Al elegir a un funcionario, no se compromete a decir que dos pueden ganar y luego resolver las responsabilidades de cada ganador. Una persona gana. ¿Por qué es en el mundo espiritual de gobierno, el mundo de la iglesia, que nos comprometemos hasta el punto de tomar decisiones para la iglesia? La iglesia no participa en el proceso, no comprende la propiedad de la vecindad a la que está asignada hasta que sea demasiado tarde.

Consideremos una vez más Mateo 28: 1-20 "Entonces Jesús vino a ellos y les dijo: ' Toda autoridad en el cielo y en la tierra me ha sido dada. Por lo tanto, ve y haz discípulos de todas las naciones, bautizándolos en el nombre del Padre y del Hijo y del Espíritu Santo, y enseñándoles a obedecer todo lo que te he mandado. Y seguramente estoy contigo siempre, hasta el final de la era". Jesús acaba de decir a sus discípulos que TODA autoridad le fue dada. Eso significa que independientemente de la vecindad, independientemente de la región, la autoridad de Jesús reemplaza a TODA autoridad. Ahora entienda, nosotros la iglesia no puede andar como una persona o entidad que ha perdido la cabeza declarando que tengo toda la autoridad, así que inclínese ante mí. No, en cambio, es caminar con la humildad segura de que, como Dios ES un Dios de orden y respeta la ley de la tierra, también ha establecido su iglesia para restaurar la intención original del orden a la humanidad. Me río mientras considero el hecho de que el hombre teme más al gobierno terrenal que al gobierno celestial. Me río al saber que Dios, literalmente, a través de su Hijo, nos ha liberado un nivel de gobierno que, si lo entendiéramos, no tendríamos que luchar uno contra el otro, sino establecer el orden en lo espiritual para que lo terrenal pueda ser guiado ... ...

En mi libro, hay varias cosas que la iglesia está llamada a hacer y no está llamada a hacer.

La iglesia está llamada a:

- Llevar luz a cualquier comunidad a la que esté asignada.
- Ser una puerta y un lugar de refugio para el mundo.

• Gobernar el territorio espiritual de la tierra que habita.

• Trabajar en todas las oficinas de la sociedad, ayudando al bienestar general de la comunidad.

• Establecer los principios para la vida, independientemente del estado racial, cultural o social de los individuos en él.

La iglesia no está llamada a:

• Trabajo ausente de la comunidad que lo rodea.

• Convertirse en un mundo propio que no puede interactuar con el mundo exterior

• Comprometer sus principios fundamentales para satisfacer las demandas de la sociedad, que es crear acceso a donde la comunidad determina las reglas de la iglesia. La palabra de Dios determina las reglas de la iglesia.

Esta lista podría ser mucho más larga. El punto es que cuando Dios coloca a la iglesia en una comunidad, tiene la responsabilidad divina de tener un impacto sobre el gobierno espiritual de esa comunidad en primer lugar.

PAUSA: Antes de continuar, vaya a sus libros de trabajo y complete el acompañamiento de reflexión para este capítulo.

CAPÍTULO 5
Conociendo Tu Autoridad

7 Llamando a los Doce a él, comenzó a enviarlos de dos en dos y les dio autoridad sobre los espíritus impuros. 8 Estas fueron sus instrucciones: "No lleven nada para el viaje excepto un bastón: sin pan, sin bolsa, sin dinero en sus cinturones. 9 Use sandalias pero no una camisa extra. 10 Cuando entres en una casa, quédate allí hasta que salgas de esa ciudad. 11 Y si algún lugar no te da la bienvenida o te escucha, abandona ese lugar y sacude el polvo de tus pies como un testimonio en contra de ellos. "12 Salieron y predicaron que la gente debería arrepentirse. 13 Expulsaron a muchos demonios y ungieron a muchos enfermos con aceite y los sanaron.

Marcos 6: 7-13 (NVI)

18 Entonces Jesús vino a ellos y les dijo: "Toda autoridad en el cielo y en la tierra me ha sido dada. 19 Por tanto, id y haced discípulos a todas las naciones, bautizándolos en el nombre del Padre y del Hijo y del Espíritu Santo, 20 y enseñándoles a obedecer todo lo que te he mandado. Y seguramente, estoy contigo siempre, hasta el final de la era.

Mateo 28: 18-20 (NVI)

Este capítulo sobre la autoridad es, con mucho, mi favorito. Este es el capítulo donde disfruto sabiendo que Jesús ganó. Sí, lo dije, Jesús ganó. Ganó la batalla contra Satanás. Ganó la batalla contra la tumba. Ganó la batalla contra la muerte. Ganó la batalla contra la enfermedad. Ganó la batalla contra la enfermedad. Ganó la batalla contra la oposición y la opresión. Ganó la batalla contra las enfermedades mentales. Ganó la batalla contra las maldiciones generacionales. Ganó la batalla. No hay problema demasiado grande o muy pequeño para El. Jesús es el principio y el final. Él es el primero y el último. Él es el Hijo de Dios, Él es Dios el Hijo, Él es nuestro pecho, Él es infinitamente asombroso. Puedo seguir y seguir como puedes ver. Probablemente puedas escuchar la pasión en mis palabras.

Me apasiona el poder de Dios a través de Jesucristo, no porque ame el poder sino porque entiendo que el caminar del creyente es una batalla espiritual constante y diaria. Es una batalla que no peleamos en la carne sino en el espíritu. Podrías decir: "Si no entiendes las Escrituras, ¿cómo luchas en el espíritu? Bueno, la respuesta corta es que no peleas, pero Jesús sí. La escritura dice, "las armas de nuestra guerra no son carnales, sino poderosas por medio de Dios para derribar fortalezas". (2 Corintios 10: 4, KJV) Ahora ese es un sermón completo en sí mismo, una larga enseñanza para el que no entiende, sin embargo, en forma breve, diré esto. El andar del creyente está en constante oposición a la vida que vivió mientras estuvo en el mundo. El enemigo siempre está buscando maneras de llevarte de regreso al lugar donde estabas antes de venir a Cristo. Ahora capture esto, antes de confesar a Jesucristo como Señor de su vida, usted, mi amigo, tenía otro señor. Satanás fue tu señor. Sí, es así de simple. No puedes verlo, pero él te guió a hacer cosas, viviendo de una manera contraria al plan que Dios tiene para tu vida. En el momento en que viniste a Cristo, lo renunciaste. Me atrevería a decir que fue destronado. Cuando un rey es destronado, alguien más se hace cargo del reino. Básicamente sacaste a Satanás de tu corazón y le diste el único gobierno a Jesús. No puedes ver a Satanás y no puedes ver a Jesús, pero sabes que los dos existen, ¿verdad? Sabes que hay bien y hay mal, ¿verdad? Ahora si lo ponemos todo en contexto. Si no luchas con carne y hueso, sino contra el mundo espiritual, entonces simplemente no estás luchando físicamente. El Rey dentro de ti está luchando con el rey que viene contra ti. ¡Alabado sea el Señor! Lo veo de esta manera, eres tan fuerte como la altitud que le das al Rey dentro de ti para luchar por ti.

¿Qué tiene que ver lo anterior con la autoridad? La respuesta es esta, si Dios te ha asignado a un lugar, una comunidad, una región o una nación. La tarea realmente no es tuya sino de Él, Él te tiene allí para ejecutar un plan. No es tu plan sino el suyo. Si comprende eso, su próximo cargo es buscarlo en el plan, la estrategia, los pasos y la línea de tiempo.

Al padre Abraham, Dios le prometió una tierra que heredaría. Sería una tierra a la que él mismo no llegaría, ni Isaac, ni Jacob ni Moisés. Sin embargo, Moisés los llevaría al lugar donde luego pasaría el testigo a Josué, quien luego llevaría a Israel a través del Jordán a la tierra que poseerían. Menciono esta historia porque lo interesante de Dios a quien servimos es que cuando Él te promete algo, no importa cómo se vea en su estado actual, la palabra de Dios se mantendrá. Si Dios dijo: "El hombre muerto está dormido", entonces para nosotros está muerto, pero para Dios está dormido. Pregúntale a Jesús en la tumba de Lázaro. Jesús le ordenó a Lázaro que se adelantara y adivinara qué, después de cuatro días de estar muerto, el hombre muerto salió de la tumba. Si Dios dijo que Él te va a dar la tierra, confía en que no importa la oposición que se te presente, Él te ha dado la tierra. Pregúntele a Josué , la tierra que le prometió a Abraham por su simiente, le dijo a Josué en el Capítulo 1: 3, que en todas partes donde se tocaba la planta de los pies, él le había dado la tierra. Ahora para nosotros, parece una tarea increíble. Hay una verdad, Joshua tendría que luchar contra algunas personas en el proceso de tomar la tierra. Sin embargo, no estaba peleando una batalla perdida. Dios ya le había dado la tierra, por lo que la gente en la tierra se resistía al aviso de desalojo; uno que tendría que hacerse cumplir con fuerza. ¡Alabado sea el Señor! Hay personas en su tierra que Dios eliminará con fuerza. Su cargo es recordar que su batalla no es suya, le pertenece al Señor y Él le exige que confíe en el proceso.

Caminar en la autoridad de Dios es caminar con la seguridad de que lo que Dios dijo que haría, lo hará. Está caminando y confiando incluso cuando parece que el mundo se está derrumbando sobre ti. La tormenta no se envía para destruirte sino para posicionarte. No huyas de la tormenta, corre a través de ella. La autoridad es su capacidad de comprender su verdad y estar firmemente arraigado en la promesa que posee. Jesús dijo que toda autoridad le fue dada, así que para mí y para todos nosotros, eso significa que nosotros, que somos hijos de Dios, somos herederos de la autoridad que Jesús ha recibido. Entonces, no debemos girarlo descuidadamente, sino caminar con valentía sabiendo que Aquel que nos lo dio es el que opera a través de nosotros. Cuando recibamos una palabra, esperemos a que el plan y la estrategia continúen. No puedo evitar recordar que Dios no solo le dijo a Josué que fuera a poseer la tierra, sino que también le dio los pasos sobre cómo moverse de un lado del Jordán al otro, cómo prepararse, cuándo atacar y cómo . Cuando Jesús liberó a los discípulos, les dijo a dónde ir, qué hacer, cómo responder en momentos de rechazo y cómo irse. En otras palabras, deje que su plan de discipulado se enmarque en la dirección del administrador. Probablemente esté listo ahora para tomar la tierra. Permíteme advertirte, tus próximos pasos serán los más cruciales a medida que te acerques a emplear el nivel de autoridad que Dios te ha dado. Dejame explicar. Tu autoridad en el lugar que Dios te ha asignado es mayor que la misma autoridad en un ambiente que Él no te envió. Si Dios me ha enviado a ministrar a educadores porque tengo experiencia en educación y puedo relacionarme con ellos, en cambio, voy a un taller de mecánica porque siento que necesitan la palabra. Adivina qué, no estaré fluyendo en mi unción. Sí, Dios puede usarme allí y tal vez ganar algunas almas para el Reino. ¿Adivina qué? Ganaré cientos si no miles de almas ministrando a educadores porque esa fue mi tarea. ¿Dios es glorificado de cualquier manera? ¡Absolutamente! Sin embargo, no caminaba en obediencia sino en desobediencia, por lo que no se manifestaba el plan completo de Dios para mi vida. El grado de la autoridad ejecutada de Dios dentro de mí fue limitado debido a mi desobediencia. No solo eso, cuando consideramos la guerra espiritual, el enemigo sabe que Dios es un Dios de orden, así que cuando caminas fuera de orden, fuera de alineación con Dios, te vuelves impotente en áreas donde estás en la voluntad de Dios. podría conquistar Pregúntale a Josué , después de destruir a Jericó, la siguiente ciudad fue Ai. Esta debería haber sido una derrota fácil, pero debido a que había pecado en el campamento, Israel fue destruido y Josué se volvió hacia Dios con incredulidad. ¿Qué haces cuando crees que tienes algo seguro, pero debido a algo que está oculto pierdes o, lo que es peor, te enfrentas a la destrucción? Su autoridad dada por Dios depende de la obediencia total a la palabra de Dios, no por uno sino por todo lo que hay en su campamento.

Es importante tener en cuenta el campamento. El líder recibe la visión, pero es importante que todos los que están en el campamento sigan al pie de la letra el plan que se ha establecido. La obediencia parcial es la desobediencia total. Autoridad, la autoridad dada por Dios requiere obediencia TOTAL. Dios está buscando un pueblo que esté dispuesto y listo para tomar el territorio bajo su mando. Sí creo que es parte del problema con el evangelismo. Una es la estrategia de entregar información que puede tener algún efecto, pero si pensamos en ello, Jesús nunca entregó un tratado. Jesús nunca instruyó a sus discípulos ni a nosotros a repartir tratados. Sí, muchos han sido condenados y ganaron al reino como resultado de tratados, pero piensen en ello, ¿cuánto más se ganaría al reino por la palabra hablada? ¿Cuánto más se ganaría al reino con la palabra vivida? Podemos preguntar a los grandes de nuestro tiempo, Billy Graham, Reinhardt Bonnke, Yonge Cho, John Welsly y la lista continúa. Estoy segura de que entregaron materiales escritos, pero lo más importante fue el hecho de que los millones que ganaron para Cristo fueron ganados bajo la palabra hablada en el lugar designado que traería convicción y salvación del corazón. Lo que digo es que hoy en día se busca más gente que se levante y hable voluntariamente con valentía, autoridad y convicción de la Palabra de Dios en la tierra que se les ha dado.

A medida que avanzamos, quiero que consideremos algunos puntos clave que el Señor coloca en mi espíritu, que importen pasos para ejercer su autoridad dada por Dios. A estas alturas ya debes entender que si Dios te ha dado la tierra, el territorio; el territorio solo te cederá cuando se lo ordenes. ¿Cuál es el plan? ¿Qué estrategias emplearás? ¿Qué pasos darás? ¿Cuál es el cronograma para que usted pueda lograr el plan?

Plan

¿Cuál es su plan? Asegúrese de que sea su plan y no el suyo. Desea huir de la necesidad de estar en el centro y dejar que Dios guíe. Habacuc nos recuerda que anotemos la visión y la aclaremos. La visión es el plan. Es lo que Dios te ha mostrado ya sea en un sueño, visión o profecía. Es algo que cuando lo viste casi podías tocarlo, pero estaba tan lejos que sabías que no estaba en la temporada en la que te encuentras sino en lo que estaba en camino. Por lo tanto, es importante que cuando sucedan estas cosas, cuando Él te muestre algo, encuentres un momento para grabarlo. Eso con el tiempo evolucionará hacia el plan que seguirás. Por cierto, cuando haces esto, estás reconociendo que Dios ha hablado, y se convierte en tu medida para alcanzar tu objetivo.

¿Por qué te asigna a esa comunidad, región o nación? Nadie puede estar seguro de por qué Dios te ha asignado al área a la que te han asignado. Como Dios, Él no solo es tu creador, sino que también sabe todo sobre ti. Cada diseño tuyo ha sido hecho intencionalmente. Su tarea estaba en proceso en el momento en que se convirtió en un pensamiento. En un momento en que los bebés eran asesinados al nacer si eran hombres, Dios permitió que Moisés no solo naciera, sino que también se posicionara en presencia de la hija de Faraón para que pudiera crecer en una escuela de preparación para la verdadera asignación de su vocación. Si Dios te eligió, todo lo que pasaste, cada dolor que sufriste, cada error que cometiste fueron parte del plan de estudios de tu preparación hacia tu destino.

¿Por qué te eligió a ti? Recuerde siempre que Jesús tenía MUCHAS personas que lo rodeaban. Hubo personas que lo siguieron, queriendo escuchar lo que tenía que decir, ver lo que podía hacer e incluso ellos mismos participar en las obras de sus manos. Muchos de ellos al final dijeron: "Crucifícalo", mientras que otros se fueron en silencio. Sin embargo, eligió 12, doce discípulos fueron elegidos para sentarse con Él en la mesa. Estos hombres serían los destinatarios de cada palabra de vida que caería de su boca. Para ellos, tomaría los anales de comprensión y revelación de quién era realmente, el propósito de su venida y la carga que recaería sobre ellos en su partida. Jesús no eligió a uno en quien no pudiera confiar para llevar a cabo el mandato ante ellos. Sabemos lo que hizo Judas, pero si lo piensas, podría confiar en que Judas lo traicionaría y la única forma de traicionarlo era poniéndolo en la mesa. Dios te eligió para un propósito que solo tú puedes cumplir. No cuestione la llamada, comprenda la llamada para que pueda cumplir su propósito.

¿Cuáles son las habilidades que tiene y qué le falta para ejecutar el plan? Ahora esta es la parte difícil. Para ejecutar realmente el plan que tienes ante ti, debes ser honesto contigo mismo. Tendrá que hacer un inventario exhaustivo de las habilidades que realmente tiene, no las que tiene. Debe ser honesto acerca de las habilidades que le faltan para que sepa cómo ejecutar claramente el plan que tiene ante usted. No hay un líder más grande, excepto el que es lo suficientemente transparente como para saber lo que tienen, lo que les falta y lo que necesitan o a quién necesitan para cumplir el propósito establecido ante ellos. Así es como entiendes quién debería estar en tu equipo. Su transparencia provocará una voluntad de trabajar con otros más de lo que puede entender, pero dispuesto a rendirse a su liderazgo con usted siendo el que tiene la visión.

Estrategia

Dios es el principal estratega, sus caminos no siempre tienen sentido, pero siempre garantizan resultados. Si Dios te ha dado un plan, tiene la estrategia. Recuerde, el Rey Salomón, el hombre más sabio que jamás haya vivido, escribió en Eclesiastés que no hay nada nuevo bajo el sol. Lo que ahora estamos emprendiendo en otro momento, se veía de cierta manera y fue efectivo. Ahora, en esta era, ¿cómo debería verse? ¿Cómo podemos hacer que un idioma antiguo hable a un público nuevo? Debemos tener en cuenta que, dado que la estrategia no era original, vino de alguien, entonces debemos buscar constantemente su rostro para nuestro próximo paso.

Pasos

¿Qué pasos son fundamentales para ejecutar el plan mientras emplea la estrategia?

• Oración: ¿En qué modelo de oración, modelos participarán? ¿Su modelo de oración será individual o corporativo? Podrías hacer uno, el otro o ambos. Recuerde siempre en las cosas del Señor, la oración debe preceder y proceder al plan.

• Plan: ¿qué te dijo que escribieras? ¿Escribiste lo que Él te dijo o fueron tus ideas como creías conveniente? Recuerde, usted está ejecutando su plan, no el suyo.

• Participación: ¿a quién involucrarás en este proceso? Nota: Todos los involucrados en este nivel de trabajo deben estar en la misma página espiritual. ¿Qué quiero decir con eso? Recuerda que hablé sobre los dos reyes y que solo uno puede gobernar a la vez. Bueno, si tienes diez personas y cinco tienen un rey y el otro tiene otro rey que gobierna sus corazones, entonces tu trabajo ya está dividido y condenado al fracaso. Una cosa que es divina debe ser impulsada divinamente.

• Presentación: ¿cuándo implementará el plan, la estrategia y la participación?

o Local: la implementación local significa el tiempo dedicado a poner a todos los interesados en la misma página espiritual, compartiendo la misma visión. No se deje engañar, un simple sí no lo sella para todos. Usted, como líder, debe pasar tiempo ante Dios para saber que el terreno está establecido para que cuando lo traiga al equipo, estén listos para comenzar. El poder y la autoridad de Dios no es un apetito que satisfacen las personas hambrientas que desean ver que algo asombroso ocurra ante ellos. No, mis amigos, el poder de Dios es mucho más que eso como se discutió anteriormente. Es necesario que el tiempo y la atención se dediquen a la planificación y las oraciones detrás de escena antes de recibir el "Adelante".

Testimonio: Me llevó varios años llegar a un lugar donde estaba listo para pasar al siguiente nivel. Caminar en el espíritu y bajo la autoridad de Dios es trabajo, es paciencia fortalecida por la gracia. Necesitábamos tiempo para crecer, comprender quiénes éramos como ministerio y ser capaces de articular claramente lo que representamos, no porque fuera memorizado sino porque es parte de nuestro ADN.

o Global: la implementación global no insinúa que se está subiendo a un avión para tomar territorio. Según mi definición para esta sección, tu disposición para salir de detrás de las cuatro paredes y entrar en un mundo que es inseguro, abrumador y difícil de atravesar si estás caminando en la carne. Estás saliendo diciendo que el Reino de Dios ha venido, ¿verdad? Si realmente no tienes comprensión cuando sales a conquistar tu comunidad, región y mundo, ¿verdad? Debes estar muy seguro de que el Reino de Dios está dentro de ti y que no te detendrás hasta que cumplas la comisión de tu vida.

Cronograma

¿Cuál es tu línea de tiempo? ¿Qué te dijo Dios? ¿Cuánto tiempo para planificar? ¿Cuánto tiempo para orar? ¿Cuánto tiempo para construir tu equipo? ¿Te dijo cuándo lanzar? No cometas los errores que tantas iglesias hacen. No intentes demostrar que eres digno al lado del siguiente. Recuerde, la iglesia no es el edificio, la congregación sino el individuo. Su objetivo es caminar como la verdadera Iglesia, obediente a la voz de Dios en todos los sentidos. El diablo siempre está buscando formas de distraer y dividir a los grandes hombres y mujeres de Dios mediante la creación de espíritus competitivos en torno a cuya iglesia es el coro más grande, etc. Para lograr eso, se lanzan a un alcance evangelístico agresivo y llenan los bancos de personas que sufren. , la mayoría de los cuales nunca son entregados y luego el enemigo, cambia el enfoque del plan original de Dios para ese ministerio a una estación de mantenimiento. Mantener los números, el estatus quo y no la entrega de la Palabra de Dios sin compromisos. El plan de Dios es mucho mayor que eso, así que asegúrese de tener una línea de tiempo que se alinee con SU plan, no el suyo, no sus comunidades, y no lo que otros quieren. Debe ser el plan de Dios ejecutado a lo largo de SU línea de tiempo

Toda la autoridad

18 Entonces Jesús vino a ellos y les dijo: "Toda autoridad en el cielo y en la tierra me ha sido dada. 19 Por tanto, id y haced discípulos a todas las naciones, bautizándolos en el nombre del Padre y del Hijo y del Espíritu Santo, 20 y enseñándoles a obedecer todo lo que te he mandado. Y seguramente, estoy contigo siempre, hasta el final de la era.
Mateo 28: 18-20 (NVI)

La autoridad otorgada a la iglesia se realizó de una manera muy estratégica. Jesús caminó con los discípulos por tres años. Él caminó en el espíritu y les enseñó a caminar en el espíritu. Luchó y ganó todas las batallas que enfrentarían para asegurarse de que supieran que, independientemente de la batalla que les precediera, no tenían que temer. Todo lo que tenían que hacer, en nombre de Jesús, era recordarle al adversario que ya estaba derrotado. Jesús tuvo oración, plan, participación, presentación y cronograma.

Él les dice a los discípulos después de que su misión se completó. Después de su crucifixión, después de su resurrección y antes de su ascensión a su trono, se tomó el tiempo para hacerles saber que todo lo que hizo aquí en la tierra fue diseñado para posicionarlos para el éxito. No les dijo que no enfrentarían grandes pruebas, lo que les dijo fue que ahora tenían toda la autoridad que necesitarían para enfrentar el viaje por delante. Si profundizamos en el texto, entenderemos que también significa que todos los recursos que estaban a su disposición ahora están a nuestra disposición. ¿Por qué es difícil de entender para la iglesia? ¿Está la iglesia en un estado mental de que hay o debe haber alguien ante quien deben inclinarse para no verse a sí mismos como agentes gobernantes dentro de una sociedad de agencias que gravitan hacia una posición de sumisión? Por sumisión quiero decir, ¿la iglesia, la transportadora de toda autoridad divina a través de Cristo, ha relegado su poder a instituciones hechas por el hombre que ni siquiera temen a Dios, detrás del escenario manipulado por el adversario? Una persona con autoridad no puede perderla a menos que la ceda sucumbiendo ante alguien que no necesariamente sea más grande que ellos, sino más astuto que ellos. Hablemos con Adán, se le dio toda la autoridad en la tierra. Se lo perdió a alguien que no era más grande que él pero que era astuto. Dormía en el trabajo mientras estaba despierto. Su voluntad de comer la fruta no se debió a que la mujer lo invitó, sino a que él no se apegó al plan que tenía delante. Por lo tanto, la autoridad que se gana una vez no se puede perder hasta que la entregues. La iglesia es la institución más poderosa establecida después de la partida de Cristo. Es el cuerpo de Cristo con el poder de Cristo.

En resumen, la autoridad otorgada al cuerpo de Cristo es no correr arrojando poder para que todos lo vean y asustar al adversario. Tampoco se pretende hacer grandes a los hombres para que todos puedan estar asombrados de ellos. La autoridad de la iglesia es elevarse y ser esa institución que se conecta con las almas de todas las naciones independientemente del color, el credo, el estado social, el estado económico de la afiliación política. Es ser el refugio seguro para la justicia y la verdad en el centro de la cual está la palabra no adulterada de Dios. Es el lugar donde fluyen la tutoría, el liderazgo y el gobierno, no para destruir las mentes y los corazones de la humanidad, sino para restaurarlos a la intención original de Dios, la intimidad entre el creador y su creación. Si la iglesia va a ganar almas para el reino de Dios, debe separarse de la mentalidad religiosa que está en conflicto con la palabra de Dios y volver a la intención de la palabra. Donde hay amor, el odio no puede prevalecer. La iglesia debe volver al AMOR, no a la competencia, al AMOR, no a las fobias y a los complejos cuya denominación es mejor que la otra, sino al AMOR. Con AMOR, el amor de Dios, la autoridad de Dios tiene su lugar para operar.

PAUSA: antes de continuar, vaya a su libro de trabajo y complete la reflexión correspondiente para este capítulo.

CAPÍTULO 6
Deje Que EVA Trabaje Para Usted

Aquí es donde lo ponemos todo junto. Una cosa es leer y procesar Evangelismo, Vecindad y Autoridad dentro del contexto que he descrito. Te digo esto, también fue difícil para mí. Para ver mi ministerio y dónde estábamos, sabiendo que hay tantas áreas en las que Dios está trabajando en nosotros como equipo, esta idea de EVA me abrió los ojos.

Somos un ministerio que cree en la transparencia, por lo que ese no fue el desafío. El desafío consistía en comprender exactamente cómo hacer cada una de estas cosas al mismo tiempo sabiendo que todavía estamos en un lugar de crecimiento. Mi ministerio está en su sexto año. Eso es un corto período de tiempo. Muchas iglesias con este período de tiempo habrían estado en las calles, marcando territorio y publicando sus nombres en la comunidad de tal manera que todos supieran que estaban allí. No malinterpreten, hemos hecho un poco de promoción y actividades para que la gente sepa que estamos aquí, pero no intencionalmente. No con la mentalidad descrita en este libro. Dios nos puso en una temporada de preparación y discipulado, desarrollando primero una sólida base de liderazgo. Creíamos desde el principio que necesitábamos trabajadores antes de que llegara la cosecha. Como se indica en Lucas 10: 2 NKJV

"Entonces les dijo:" La cosecha es verdaderamente grande, pero los trabajadores son pocos; Por lo tanto, ore al Señor de la cosecha para que envíe obreros a Su cosecha.

Pasamos tiempo y recursos trabajando en los trabajadores. En cada ministerio, trabajamos en los trabajadores. Dios fue amable con nosotros, en el proceso de este enfoque intencional, Dios ha estado enviando la cosecha. Nuestra congregación ha estado creciendo constantemente hasta un punto en el que tenemos una iglesia separada para niños y otra para jóvenes los domingos. Ellos hacen su propia adoración, servicio, llamados al altar y plan de salvación. Eso es solo un poco de lo que Dios ha hecho con nosotros. Ahora con este plan de EVA, estamos listos para mirar la tierra que el Señor nos ha dado y proceder estratégicamente a medida que Él nos guía.

EVA funcionará para usted cuando siga los pasos establecidos. Si no hay un plan y su único objetivo es tener una iglesia grande, puede dañar a más personas que iglesias con un plan. En otras palabras, es inevitable que ninguna iglesia sea perfecta, y las personas pueden encontrar ofensa donde quiera que vayan, sin embargo, cuando hay un sistema establecido, hay un plan sobre qué hacer cuando ocurre la ofensa.

EVA funcionará para ti si eres lo suficientemente valiente como para salir a la tierra que el Señor te ha dado, incluso si te sientes inadecuado. La insuficiencia provocada por el hombre o los sentimientos de emociones que no son de Dios no dictan su capacidad de fracasar o triunfar. Recuerda, si Dios dijo ve, solo ve. Si Él dice que te ha dado la tierra, incluso si te sientes inadecuado, aférrate a la palabra que fue liberada. Dios solo es incapaz de rechazar un corazón impenitente. No es capaz de fallar. Si ha hablado, está establecido. Él ya ha posicionado a hombres, mujeres, empresas, sistemas para caminar junto a usted. Ellos solo están esperando a que pises.

EVA funcionará para usted si considera de quién es la autoridad que tiene. No es por tu poder ni por tu poder que estás caminando sino por el poder del Señor. Recuerde, usted sirve al Todopoderoso, su ministerio le pertenece a Él, sus dones le pertenecen a Él y todo lo que hace está centrado en Él. Él tiene todo el poder para ejecutar completamente todo lo que te ha dicho que hagas. Dios nunca le dice a alguien que haga algo y luego lo abandona. No puedes verlo, pero Él siempre está ahí. Camina humildemente en esta autoridad mientras llevas la gran responsabilidad dada por Él.

PAUSA: antes de continuar, vaya a sus libros de trabajo y complete la reflexión correspondiente para este capítulo.

CAPÍTULO 7

Mi Plan De EVA Para El Ministerio

Ahora que tiene una mejor comprensión de la parte de evangelismo de EVA, es hora de apoderarse de su ministerio. Reúna a su equipo para trazar su plan, determinar dónde se encuentra actualmente y adónde quiere ir utilizando el Plan EVA de EVAngelize

NOTA: Este capítulo y plantilla solo está disponible en el libro de trabajo complementario de este libro. Mire en la parte posterior del libro las instrucciones para obtener su copia.

CONCLUSIÓN

Ha sido un placer y un honor compartir con ustedes este plan de evangelismo interrumpido por la tradición e inspirado por Dios.

Sí, sé que tener grandes iglesias parece atractivo y la mayoría de los pastores miden su éxito por el tamaño de su iglesia (no es que haya algo malo en tener una iglesia grande), sin embargo, ese no debería ser el enfoque. El enfoque de CADA iglesia debe ser el crecimiento de almas que rindan sus vidas rotas a Jesús.

La Biblia ha dicho que la venida de Jesús está cerca, bueno, ya pasaron 2000 años y todavía no está aquí, algunos pueden tomar esa demora como una señal de que no volverá en absoluto. Pero lo sabemos mejor. Es su deseo que nadie perezca, sino que tengan vida en abundancia (eso SOLO es posible en Él). ¿Qué estoy diciendo, el regreso de Jesús es eminente! El trabajo es genial. Nosotros también debemos querer lo que Jesús quiere; más personas ganaron por él.

Lo amamos porque Él nos amó primero; Muchos de nosotros tuvimos la dicha de crecer en hogares donde la palabra de Dios era un elemento básico, pero desafortunadamente NO todos tuvieron esa bendición. Depende de nosotros compartir nuestro testimonio de la manera en que Dios quiere que lo hagamos, de la manera que sea MÁS efectiva, y les ayudará a ver lo que Dios también los ama.

Dios te está llamando a desarrollar un plan de EVA que FUNCIONE. Funcionará porque estará divinamente inspirado. Dios está LISTO para usarlo, TUVO que escribir este libro (y dije TENGO que hacerlo porque este libro se ubicó en la parte SUPERIOR de mi larga e importante lista de proyectos ministeriales) para usted. Tuve que compartir este plan porque es URGENTE. Hay una GRAN necesidad. La gente muere en GRANDES números. En terremotos, tsunamis, otros desastres naturales, asesinatos en masa y enfermedades. DEBEMOS compartir el evangelio sabiendo que estamos trabajando contra reloj. Contra el plan agresivo del enemigo para estafar a tantas personas como pueda de la salvación, Jesús TAN libremente le ofrece a TODOS los que lo recibirán. Trabajemos más inteligentemente y no más duro. El plan de Dios es fácil; Él ha establecido los cimientos, despejó el camino, asignó a los ángeles para luchar en su nombre y TODO lo que tiene que hacer es lo siguiente

1. Escriba el plan de EVA
2. Comunícalo a tu equipo
3. Ejecute según las instrucciones

Una vez que hagas eso, verás a Dios abrir puertas en tu comunidad (territorio) que has estado tratando de abrir por tu cuenta durante MUCHO tiempo.

Es mi oración que veas a Dios trabajar de manera sobrenatural en tu ministerio y agrega a los trabajadores que trabajarán junto a ti.

Dios te bendiga y que tu plan de EVA te ayude a cumplir la voluntad del Padre para tu ministerio.

Dra. Apóstol, Terika Smith

¿Dónde obtener su libro de trabajo de EVAngelizar?

Puede obtener su libro de EVAngelizar y los libros y recursos del Dr. Smith visitando The TMS Store aquí:
http://bit.ly/tsmstore

Sobre El Autor

La Dra. Terika Smith es la Presidenta, Fundadora de los Ministerios Terika Smith y Presidenta / Pastora de la Iglesia Internacional Rios Fluyendo ubicada en Lawrence, MA. Ella es la autora de Excepto el Señor: cuando Dios se convirtió en el constructor y escriba la visión, hágala libros sencillos. Una educadora de toda la vida en el fondo, trabajó durante más de 20 años en el campo de la educación ocupando puestos que van desde maestra de aula, donde enseñó español, entrenador de atletismo, directora atlética, directora de secundaria, profesora universitaria y consultora del estado de MA, entre otros. . Siguiendo su amor al Señor, dejó la educación secular para servir a tiempo completo como Pastora de la Iglesia Evangélica Lawrence. Desde allí, ella sirvió a la comunidad local de Lawrence en el ministerio. Durante su mandato como pastora y antes de la fundación de la iglesia que actualmente pastorea, la Dra. Smith financió el instituto Ministros En Entrenamiento Enviame A Mi, que ahora está asociado con el IBAD en Brasil, convirtiéndolo en un instituto internacional que prepara hombres y mujeres de todas las edades en la palabra de Dios.

Su sombrero personal la revela como madre y abuela. En 2010, su vida cambió para mejor, como escribe en su libro, Excepto el Señor: Cuando Dios se convirtió en el constructor. Su hija, Karen, entró en su vida cuando era adolescente; Karen ahora es adulta, casada con un esposo maravilloso, Rich. Juntos tienen tres hijos y están construyendo una vida para impactar al mundo.

Para quienes la conocen no es ningún secreto que no hay quien pare al Dr. Smith. Su pasión por las personas y su pasión por ministrar la Palabra de Dios la ha colocado en entornos que tienen hambre de maná fresco. Cuando la Dra. Smith entra en un púlpito o en un salón de clases, su oración constante a Dios es por el maná fresco para las personas que está ante ella. Una de sus constantes agradecimientos a Dios es que puede repetir un texto pero nunca un mensaje. Su filosofía aquí es que, "TODOS necesitan una palabra relevante para ellos, oportunamente para satisfacer SUS necesidades.

Ella ha ministrado en partes de los Estados Unidos, República Dominicana, Cuba, Brasil, Zambia, África, Guatemala y Puerto Rico. A medida que el Señor la ha usado, miles de vidas se han transformado a medida que ella se mueve en la palabra profética que conduce a la curación y liberación de las ataduras espirituales. Su pasión crece más cada día sabiendo que si puede traer a otros lo que Dios le trajo, también puede cambiar la vida de muchos en todo el mundo.

La pasión de la Dra. Smith por las personas también se puede ver en su trabajo humanitario. Su historia registra sus servicios en México, donde ayudó a innumerables huérfanos que residían en un orfanato, así como a bebés con paladar hendido. En África, junto con su ministerio, apoyó la escolarización de niños en Mombasa, Kenia y, más recientemente, en Zambia, África. En momentos de desastre, ella y su equipo se han levantado para brindar ayuda a innumerables familias en su comunidad local, Puerto Rico, Guatemala y Brasil.

Como Conectarse Con La Dr. Smith En Las Redes Sociales:

https://www.facebook.com/TerikaSmithMinistries/
http://tsmfortheworld.org/
https://www.instagram.com/terikasmithministries/

Otros libros de la Dra. Terika Smith

Excepto El Señor: cuando Dios se convirtió en el constructor

Except The Lord: When God Became The Building

My God, Our Plan: Six Key Areas To Leverage and Manage Your Life Well

Mi Dios, Nuestro Plan: Seis Áreas Clave Para Aprovechar Y Administrar Bien Su Vida

Meu Deus, nosso plano: Seis Áreas-Chave para Alavancar e Gerenciar Bem Sua Vida

EVAngeliza: A Guide to Developing Your Evangelistic Ministry

EVAngeliza: Una Guía Para Desarrollar Su Ministerio Evangelístico

EVAngeliza: Um Guia Para Desenvolver Seu Ministério Evangelístico

NOTES

www.ingramcontent.com/pod-product-compliance
Lightning Source LLC
Chambersburg PA
CBHW070917160426
43193CB00011B/1495